Dr. Antje Ohlhoff

DIE BOTSCHAFTEN DER BÄUME

Impulse unserer Gefährten für jeden Tag

Begleitbuch zu den 50 Karten

Schirner Verlag

Wir verzichten auf das Einschweißen unserer Kartensets – **UNSERER UMWELT ZULIEBE!**

ISBN 978-3-8434-9184-6

Dr. Antje Ohlhoff
Die Botschaften der Bäume
Impulse unserer Gefährten für jeden Tag

1. Auflage April 2022

Box: Simone Fleck & Anna Twele, Schirner, unter Verwendung von # 1304739523 (© mapman), # 1686911323 (© valeria_starr) und # 755924149 (© Ivaylo Ivanov) www.shutterstock.com
Karten & Begleitbuch: Simone Fleck, Schirner
(siehe Bildnachweis)
Fotos: Dr. Antje Ohlhoff
Lektorat: Bastian Rittinghaus & Kerstin Noack-Zakel, Schirner
Printed & bound by: Ren Medien GmbH, Germany

www.schirner.com

Inhalt

Einleitung ... 4

Die Baumkarten und ihre Bedeutung

Ahorn ... 12
Apfelbaum ... 16
Birke ... 20
Buche ... 24
Eberesche/Vogelbeere ... 28
Eibe ... 32
Eiche ... 36
Erle ... 40
Esche ... 44
Espe/Zitterpappel ... 48
Faulbaum ... 52
Fichte ... 56
Hainbuche/Weißbuche ... 60
Haselnuss ... 64
Holunder ... 68
Ilex/Stechpalme/Christusdorn ... 72
Kastanie/Rosskastanie ... 76
Kiefer ... 80
Lärche ... 84
Linde ... 88
Ulme ... 92
Wacholder ... 96
Weide ... 100
Weißdorn ... 104
Zirbe/Arve ... 108

Über die Autorin ... 112
Bildnachweis ... 112

Einleitung

Willkommen bei den Bäumen!

Bäume sind kraft- und wundervolle Wesen: fest verwurzelt in der Erde und mit Kronen, die in den Himmel streben. Jede Baumart hat besondere Qualitäten, mit denen sie uns in unserer Entwicklung unterstützen kann. Wenn wir uns mit Bäumen verbinden, können wir von und mit ihnen lernen. Da ist die Linde mit ihrer lindernden, besänftigenden Energie, die uns sowohl in schwierigen Zeiten begleiten als auch überschießende Selbstzentrierung ins Gleichgewicht bringen kann. Oder der Ahorn, von dem wir lernen können, Grenzen zu setzen und auch einmal Nein im Außen zu sagen, damit wir wirklich Ja zu uns selbst sagen.

In einigen indigenen Sprachen bedeutet das Wort für Pflanze »die, die für uns sorgen«. Diese Karten lassen dich die Verbindung zu den Bäumen und ihren Eigenschaften kinderleicht, freudvoll und spielerisch erfahren. So können die Bäume für dich Gefährten im Alltag sein, die dich mit ihren Botschaften und Impulsen unterstützen. Sie sind kraftvolle Coaches. Sie fördern die Heilung emotionaler Verletzungen und helfen, Stolpersteine zu überwinden, damit dein Leben freier fließt. Leicht kannst du deine Herzensqualitäten entdecken und erblühen lassen.

Ein natürlicher Wald besteht, genau wie unsere menschliche Gesellschaft, aus einer Vielfalt verschiedener Individuen, die alle einzigartige Charakterzüge aufweisen, miteinander kommunizieren und kooperieren. Selbst in uns haben wir verschiedenste Fähigkeiten. Diese Vielfalt birgt ein großes Potenzial, wenn alle ihren Platz einnehmen und einander ergänzend und wertschätzend zusammenarbeiten. Dann können wir Herausforderungen kraftvoll, konstruktiv und kreativ begegnen, und unser Miteinander wird friedlicher und freudvoller werden. Auch hierbei helfen die Baumgefährten dieses Kartensets.

Danke an alle Baumwesen, die in so wundervoller Weise ihre Weisheiten und ihre Qualitäten mit mir geteilt haben. Ich bin dankbar dafür und empfinde es als große Ehre, eure Botschaften zu den Menschen bringen zu dürfen.
Danke allen Menschen, die mittelbar oder unmittelbar zum Gelingen und Verbreiten dieses Werkes beitragen. Ich kann euch hier nicht alle nennen … einfach DANKE!

KRAFTBÄUME – so kannst du mit dem Kartenset arbeiten

Bäume können uns in alltäglichen und in herausfordernden Situationen unterstützen, indem sie uns – ähnlich wie man das von Krafttieren kennt – mit ihren besonderen Stärken zur Verfügung stehen, »Kraftbäume« sozusagen. Über diese Karten kannst du dich intuitiv, einfach und schnell mit der besonderen Qualität eines Baumes, deines aktuellen Kraftbaumes, verbinden. So erhältst du Hilfestellungen für den Alltag, zur Bewusstwerdung oder Problemlösung. Gerade in schwierigen Situationen, wo noch Unklarheit und vielleicht Verwirrung herrschen, kann eine Baumbotschaft, die dir intuitiv zufällt, vieles klarer und einfacher machen. Du wirst unmittelbar zu der Energie und den Informationen geführt, die du gerade brauchst, auch wenn sie dir bisher nicht bewusst waren.

Bäume sind in meiner Wahrnehmung sehr komplexe und vielfältige Wesen. Deshalb gibt es für jede Baumart zwei Karten: Die Baumkarte repräsentiert ihre Hauptenergie, die auch in dir zum Erblühen kommen kann. Die Holzkarte ist meist eine Heilkarte, die dir hilft, ein körperliches oder seelisches Ungleichgewicht in die Ordnung zu bringen.

Die Karten laden dich zu einem spielerischen Umgang mit der Weisheit der Bäume ein. Du kannst z. B. morgens eine Tageskarte ziehen, um einen Impuls für den Tag zu bekommen, oder einen Baumgefährten, der dich eine bestimmte Zeit lang begleitet. Auch als Affirmation für den Schreibtisch eignen sich die Karten. In schwierigen Situationen kannst du eine Karte, einen Kraftbaum, speziell für dein Thema ziehen und als Unterstützerenergie überall und jederzeit (unauffällig) bei dir tragen. Z. B. könntest du die Holzkarte der Esche »Klar spreche ich meine innere Wahrheit aus« bei dir tragen, wenn du ein schwieriges Gespräch führen musst.
Du kannst auch eine Karte passend zu deinem aktuellen Thema aus diesem Begleitbuch auswählen. Hat dich im Wald oder Park ein Baum besonders beeindruckt, kannst du dir seine Karte als Verbindungsanker an einem besonderen Platz in deinem Zuhause aufstellen. Über diese Karte kannst du dann Kontakt mit dem Baum und seinen Qualitäten aufnehmen. Umgekehrt kann dich eine Karte, die du gezogen hast, auch in den Wald oder Park »locken«, damit du dort im Energiefeld deines Baumes verweilst. Denn mit Bäumen zusammen zu sein, tut uns einfach gut, entspannt und bereichert uns.

Egal, wann und zu welchem Zweck du eine Karte ziehst: Halte vorher kurz inne, und nimm ein paar tiefe Atem-

züge. Gehe mit deiner Aufmerksamkeit zu deinem Herzen – vielleicht möchtest du die Hände auf dein Herz legen. Benenne still für dich, wofür du dir jetzt Unterstützung wünschst. Und dann lasse dich führen, und ziehe intuitiv eine Karte. Vertraue deiner Wahrnehmung! Wenn du die Karte gezogen hast, halte noch einmal kurz inne, und spüre nach, ob eine individuelle Botschaft in Form eines Gefühls, einer inneren Stimme oder eines inneres Bildes zu dir kommt. Gehe dann durch das kleine Selbstcoaching, das es für jede Karte in diesem Begleitbuch gibt. Zusätzlich kannst du die interessanten Fakten über deinen Baum nachlesen.
Die Bilder auf den Karten übertragen die Qualitäten des jeweiligen Baumes, auch ohne dass du das Begleitbuch liest. Eine Karte eine Zeit lang anzusehen, vielleicht mit einem weiten, unfokussierten Blick, unterstützt dich schon und kann deine Energie erhöhen. Die Blütenbilder helfen dir, die entsprechende Qualität in dir zu entdecken und zum Erblühen zu bringen.*

* Weitere Details zu den Baumbildern, den Blüten und Hölzern findest du auf meiner Webseite www.antje-ohlhoff.de/baumgefluester. Dort gibt es auch eine Audiodatei mit einer Innenreise, die dir hilft, dich mit deiner inneren Führung und deinem Thema zu verbinden und die passende Karte mit deinem aktuellen Kraftbaum zu ziehen.

Dein Kraftbaum-Orakel

Du kannst die Karten auch nutzen, um zu Neujahr oder zu deinem Geburtstag ein »Kraftbaum-Jahresorakel« durchzuführen. Dabei erhältst du, ohne dass dein Verstand dir hineinredet, intuitiv unterstützende Baumenergien für ein ganzes Jahr. Ich bin jedes Mal aufs Neue erstaunt, wie passend mich die Bäume dann im Jahreslauf begleiten.

Lege Schreibzeug und den Stapel mit allen Baumkarten auf einen ausreichend großen Tisch. Lies zu Beginn dieses Kapitel komplett durch, und gehe dann absatzweise vor.
Schließe deine Augen, und lenke deine Aufmerksamkeit auf deinen Atem. Beobachte bewusst den Atemfluss. Dann lenke deinen Fokus auf dein Herz. Vielleicht möchtest du die Hände darauflegen. Verbinde dich mit deiner Herzensenergie, und bitte sie um Führung in diesem Prozess. Öffne dann die Augen wieder.
Mische jetzt alle Baumkarten gut durch, und lege sie mit der Rückseite nach oben vor dich auf den Tisch – egal, ob in Reihen oder frei.
Bitte innerlich darum, dass jetzt diejenige Baumkarte zu dir kommt, die dich im kommenden Jahr am besten unterstützen kann. Öffne dich für das Empfangen,

und vertraue dem Prozess. Ziehe – mit offenen oder geschlossenen Augen – eine Karte, und lege sie in die Mitte. Schaue dir die Karte an, und lies die Botschaft. Schließe bei Bedarf wieder die Augen, und spüre, was sie in dir auslöst an (Körper-)Gefühlen, Gedanken, Assoziationen, Vorstellungen … Nimm es einfach wahr, ohne es zu bewerten. Was hat die Botschaft mit deiner gegenwärtigen Situation zu tun? Wenn Emotionen da sind, nimm dir möglichst die Zeit und den Raum, sie zu fühlen. Notiere deine persönlichen Impulse und Erkenntnisse.

Fahre fort wie zuvor beschrieben, indem du nun nacheinander für jeden Monat des kommenden Jahres um eine unterstützende Baumbotschaft bittest. Lege sie nacheinander im Uhrzeigersinn um deine zentrale Jahreskarte, und lasse sie jeweils in dir wirken.

Wenn du insgesamt 13 Karten gezogen hast, bedanke dich für das, was du erhalten hast. Mache ein Foto von deinem kompletten Kraftbaum-Orakel, damit du es im Laufe des Jahres immer wieder ansehen und hineinfühlen kannst.

Schaue dir zu jedem Monatsanfang dein Baumorakel wieder an, und mache dir sowohl die Jahresbotschaft als auch die Affirmationen des vergangenen und des kommenden Monats bewusst. Reflektiere, was bereits geschehen ist, wo dich die Baumbotschaft in deinem Alltag unterstützt hat. Ziel ist es, dass du die unterstützenden Baumqualitäten auch in dir selbst entdeckst, entwickelst und zum Erblühen bringst. Schaue, was dir im letzten Monat bewusst(er) geworden ist. Was hat sich dadurch verändert? Wie ist es um dein Selbstwertgefühl bestellt? Traust du dich mehr als sonst? Bist du achtsamer? Hast du neue Ideen oder Impulse bekommen? Notiere deine Erkenntnisse.*

Ich wünsche dir viel Freude mit den Karten, wundervolle Erfahrungen und Erkenntnisse und, dass deine Fähigkeiten erblühen.

Herzlichst
Antje Ohlhoff

* Auf meiner Webseite www.antje-ohlhoff.de/baumgefluester und bei Youtube findest du diese Anleitung als Video.

AHORN

Meinen Raum einnehmen, Grenzen setzen/ Dem Leben vertrauen

Der Ahorn ist nicht nur ein Meister der Farben, sondern auch ein Meister darin, sich seinen Raum zu nehmen und Grenzen zu setzen. Kein anderer Baum hat solch eine wundervoll farbenprächtige und vielfältige Herbstfärbung wie er. Doch diese dient nicht nur dazu, uns zu erfreuen. Die Farbstoffe (sogenannte Anthocyane), die er im Herbst produziert, enthalten eine Art Unkrautvernichtungsmittel. Überall, wo die Blätter des Ahorns zu Hauf liegen, kann kein anderer Baum keimen. So steckt der Ahorn sein Revier ab, setzt eine Grenze. Er zeigt von allen Bäumen am deutlichsten den Kampf um seinen Platz. Der Ahorn lehrt uns, aus der Liebe zu uns selbst heraus Grenzen zu setzen, im Außen Nein zu sagen und unseren Raum einzunehmen.

Der Ahorn ist aber nicht nur ein Neinsager. Er sagt Ja zum Leben. Uns kann er helfen, ganz hier auf der Erde anzukommen, uns zu erden und uns stabil und sicher zu fühlen. Er unterstützt uns dabei, immer mehr dem Leben, uns und unserer Wahrnehmung zu vertrauen und uns auf das Leben einzulassen. Er hilft dabei auch ganz praktisch: Am Ende des Winters im Februar und März, in

einer Zeit, in der die Menschen früher oft gehungert haben, gibt der Zuckerahorn, der im Osten Nordamerikas wächst, (genau wie unser heimischer Spitzahorn – nur höher konzentriert) seinen süßen Saft, der zu Ahornsirup verarbeitet wird. D. h., er bietet Nahrung für Mensch und Tier, wenn sie es am dringendsten zum Überleben brauchen.
Der Ahorn ist voller spielerischer Leichtigkeit. Das zeigt er uns mit seinen wundervollen Herbstfarben und den lustigen Nasenfrüchten, die vermutlich jedes Kind schon einmal aufgesetzt hat. Er lehrt uns, wie freudvoll, amüsant und leicht das Leben sein kann.
Ahornholz ist hart, abriebfest und verzieht sich beim Trocknen wenig, es bleibt, wie es ist. Man sagt, es hat ein gutes Stehvermögen. Damit kann der Ahorn uns halten, den Rücken stärken und motivieren, unser Leben tatkräftig anzupacken.

Ahorn: Baumkarte

Ich nehme mir meinen Raum,
kann Grenzen setzen und Nein sagen.

Lässt du dich leicht überreden und damit von deiner inneren Wahrheit abbringen? Diese Karte hilft dir, klar zu kommunizieren, deine Wünsche und Bedürfnisse auszudrücken und ehrlich und authentisch zu dir zu stehen. Sie unterstützt dich dabei, aus der Liebe zu dir selbst heraus Grenzen zu setzen und deinen Raum einzunehmen. Ein Nein zur rechten Zeit schützt vor Überforderung und hilft, spätere Schwierigkeiten zu vermeiden.

SELBSTCOACHING: *Fällt es mir gelegentlich schwer, zu mir und meiner inneren Wahrheit zu stehen und diese im Außen zu vertreten? Kann ich schwer Nein sagen, eine Grenze setzen? Nehme ich vielfach andere und ihre Wünsche wichtiger als mich selbst?*
Wenn dem so ist, fühle Ängste, Schuldgefühle, Minderwert, Einsamkeit …, ohne sie zu bewerten! Gib dir die Erlaubnis, Ja zu dir und deinen Bedürfnissen zu sagen, auch wenn das ein Nein im Außen erfordert. Der Ahorn stärkt dir dabei den Rücken. Probiere dich spielerisch aus, sprich von dir, sprich in Ich-Sätzen.

Ahorn: Holzkarte

Ich vertraue dem Leben und nehme es tatkräftig und mit Leichtigkeit in die Hand.

Wenn diese Karte zu dir kommt, kannst du dich noch stärker dem Leben hier auf der Erde anvertrauen. Sie hilft dir, voller Tatendrang dein Leben in die Hand zu nehmen und es gleichzeitig leichtzunehmen. Dein Vertrauen in dich und deine Wahrnehmung wachsen.

SELBSTCOACHING: *Stehe ich mit beiden Beinen fest im Leben, oder stelle ich mich ungern der Realität des Alltäglichen? Verliere ich schnell den Boden unter den Füßen, werfen Schwierigkeiten mich leicht aus der Bahn? Gibt es alte Verletzungen, vielleicht die Erfahrung von Missbrauch, die verhindern, dass ich ins Vertrauen und ins Handeln komme?*

Fühle die Gefühle, die jetzt da sind: Unsicherheit, Haltlosigkeit, Misstrauen … Nimm bewusst die Erde unter deinen Füßen wahr. Stampfe ein paarmal fest auf den Boden. Die Erde trägt und nährt dich und ist dein Zuhause! Der Ahorn stärkt dir den Rücken und schenkt dir die Süße des Lebens, wenn du sie brauchst!

APFELBAUM

Dinge reifen lassen, den richtigen Zeitpunkt erkennen/ In Dankbarkeit die eigenen Früchte teilen

Der Apfelbaum kann uns lehren, uns selbst, den Prozessen im Innen und Außen sowie den Früchten unseres Lebens Zeit zum Reifen zu geben. Er schenkt uns das Vertrauen, dass alles zum rechten Zeitpunkt geschieht und wir diesen Zeitpunkt auch erkennen und nutzen können. Gerade in unserer »Alles-immer-sofort«-Gesellschaft ist Geduld, das Reifenlassen, eine besondere Qualität, die uns der Apfelbaum vermitteln kann. Denn ein unreifer Apfel – der schmeckt einfach nicht.

Der Apfelbaum ist der älteste kultivierte Baum und zeigt besonders deutlich die fruchtbare Partnerschaft zwischen Gebendem und Nehmendem. So hat der Wildapfel kleine, saure Früchte und lange Dornen am Zweig. Große, wohlschmeckende Kulturäpfel hingegen wachsen z.B. in Europa in mehr als 2000 verschiedenen Sorten. Apfelbäume und Menschen sind also in besonderer Weise miteinander verbunden: Menschen züchten, hegen und pflegen, die Bäume schenken uns ihre Früchte. Geben und Nehmen im – leider nicht immer dankbaren – Austausch. Neuere Studien zeigen, dass das Wachstum von Pflanzen durch ihre Nutzung angeregt wird, während Unternutzung sie ebenso wie Übernutzung schlechter gedeihen lässt. Auch Menschen »gedeihen« ja besser, wenn sie ihre Fähigkeiten nützlich und im rechten Maß einbringen können.

Äpfel sind heilende, heilige Früchte, die mit ihrer runden Form für Vollkommenheit und Einheit stehen. Sie regen den Stoffwechsel, die Entschlackung und die Verdauung an, mindern Falten und schlaffe Haut und haben sogar eine krebsvorbeugende Wirkung. Kurz: Äpfel schenken uns Gesundheit, Lebenskraft und jugendliches Aussehen. Selbst depressiven oder kummervollen Menschen kann der Apfelbaum mit seiner Ausstrahlung helfen, zu mehr Leichtigkeit, Liebe und Lebensfreude zurückzufinden.

Der Apfelbaum fördert die Unterscheidungskraft. Seine runden Früchte und makellos rein wirkenden, süß duftenden weiß-rosa Blüten wachsen inmitten von knorrigen, wirren Zweigen. Der Apfelbaum kann uns lehren, Wichtiges von Unwichtigem zu unterscheiden und das Vollkommene im Unvollkommenen zu erkennen.

Apfelholz ist bunt in gelb-rot-braunen Tönen und wird als Farbtupfer im Innenausbau und in der Schnitzkunst geschätzt.

Apfelbaum: Baumkarte

Entspannt und vertrauensvoll warte ich auf die Reife. Ich erkenne und nutze den passenden Zeitpunkt.

Diese Karte hilft dir, abzuwarten und allen Prozessen im Innen und Außen die Zeit zu geben, die sie bis zur Reife brauchen. Das Wachsen von etwas kannst du nicht beschleunigen, indem du immer wieder daran ziehst und zerrst oder ständig fragst, wann es so weit ist. Entspanne dich! Für alles gibt es den passenden Zeitpunkt. Du wirst ihn erkennen und kannst ihn dann nutzen. Die Frucht wird reif zu dir kommen.

SELBSTCOACHING: *Wobei bin ich ungeduldig? Was will ich jetzt sofort? Welchen Aufschub kann ich nicht aushalten?*
Fühle deine Ungeduld. Öffne dein Herz dafür – auch das gehört zu dir. Erkenne, dass du durch deine Ungeduld den Reifeprozess behinderst und dich selbst davon ablenkst, den passenden Zeitpunkt zu erfassen. Lasse locker, und gib dich dem genialen Prozess des Wachsens hin – der Apfelbaum hilft dir dabei. Wenn die Frucht reif ist, zögere nicht und genieße sie!

Apfelbaum: Holzkarte

Voller Dankbarkeit für die Geschenke des Lebens übergebe ich der Welt meine reifen Früchte.

Wir leben in einer Welt des Gebens und Nehmens. Beides ausgeglichen auszuüben, ist eine Form von Dankbarkeit. Wenn diese Karte zu dir kommt, ist es Zeit, deinen persönlichen Erntedank zu feiern: Sieh, was du vom Leben bekommen hast, und gib deinen Teil an die Welt zurück!

SELBSTCOACHING: *Welche Gaben habe ich vom Leben erhalten – neben dem großen Geschenk des Lebens selbst? Welche Früchte habe ich geerntet? Kann ich Dankbarkeit dafür in meinem Herzen spüren?*
Wenn nicht: Fühle dein Unvermögen, dem Leben gegenüber wirklich dankbar zu sein. Nähre fortan deine Dankbarkeit, lasse sie wachsen. Schreibe jeden Abend auf, wofür du heute dankbar bist. Mache dir bewusst, was du alles bekommen hast. Schaue, welche Früchte du der Welt zurückgeben kannst, und tue das dann auch, sodass der Fluss des Gebens und Nehmens weiterfließt.

BIRKE

Leichtigkeit, Lebensfreude und Genuss/ Neubeginn, Schutz des Neuen

Voller Freude und Lebenskraft winkt die Birke mit ihren hellen Zweigen im Wind. Sie repräsentiert die junge weibliche Kraft und steht für Leichtigkeit, Flexibilität, Fantasie und den Genuss des Lebens. Auch wegen ihres sehr frühen Laubaustriebs steht sie für den Frühling, das erwachende Leben und den Neubeginn. Sie wächst extrem schnell, gibt dabei alles und wird deshalb für Baumverhältnisse nicht alt – nur ca. 80 Jahre.

Die Birke ist ein Pionierbaum: zäh, anpassungsfähig und eine erfolgreiche Einzelkämpferin. Sie besiedelt als Erste Windbrüche, Brachflächen und Sümpfe und macht diese Areale damit für andere Bäume bewohnbar. Sie kann sich behaupten. Unliebsame Konkurrenz hält sie sich vom Leib, indem sie bei Wind mit ihren langen, scharfen Zweigen um sich peitscht. Sie ist der Schutzbaum für alles Neugeborene. Babywiegen waren früher oft aus Birkenholz. Aber nicht nur Kinder, sondern auch neue Projekte und Ideen kann sie beschützen.

Zu einem erfolgreichen Neubeginn gehört die Reinigung von nicht länger förderlichen Energien. Klassischerweise werden diese mit Birkenruten ausgekehrt.

In vielen überlieferten Ritualen gibt es das Schlagen mit Birkenzweigen auf Mensch und Tier. Erhalten hat sich der Brauch in der Sauna, wo Birkenreisig reinigen, die Entgiftung anregen und vitalisieren soll. Die Birke hat zudem eine entwässernde Wirkung und hilft bei Nierenschwäche und Blasenentzündungen.
Die Birke braucht viel Licht, kommt aber durch ihren frühen Laubaustrieb mit kurzen Wachstumsperioden zurecht. Sie wächst deshalb im Norden bis an den Polarkreis und ist auch in Sibirien heimisch. Sie ist der einzige heimische Baum, dessen Holz und Rinde (wegen der enthaltenen ätherischen Öle) auch sehr gut in frischem und sogar feuchten Zustand brennen. Mit frischer Rinde kann man daher sogar im Regen ein Feuer entzünden. Die weiße Birkenrinde schützt den Baum aber auch vor Sonnenbrand, wenn er im Winter unbelaubt ist. Birkenrinde ist schimmelresistent und wasserdicht, und im hohen Norden – ihrem Hauptverbreitungsgebiet – wurde sie vielfältig verwendet: Dächer werden immer noch damit gedeckt, und Kanus wurden daraus gebaut. Verklebt wurde beides mit dem bereits in der Altsteinzeit bekannten aus der Rinde gekochten Birkenpech!

Birke: Baumkarte

Leicht und voller Lebenskraft tanze ich durch mein Leben. Ich genieße es mit allen Sinnen. Jetzt!

Jetzt kommen Lebenskraft, Leichtigkeit und Freude verstärkt in deinen Alltag. Genieße es! Freude, Genuss und Leichtigkeit gehören zu unserem Menschsein. Erlaube dir immer mehr davon in deinem Leben! Diese Karte unterstützt dich dabei.

SELBSTCOACHING: *Nehme ich das Leben leicht oder eher schwer? Kann ich mein Leben genießen, oder regiert eher die Pflichterfüllung? Wann habe ich zuletzt etwas nur aus Freude getan und nicht, weil es für irgendetwas sinnvoll oder nützlich war?*
Schiebe die Lebensfreude und den Genuss nicht mehr auf, bis dieses oder jenes erledigt ist: Jetzt ist die Zeit dafür! Mache heute irgendetwas nur aus Freude. Lade Freunde ein, oder lasse dich einladen, und feiert gemeinsam das Leben. Lasse dich inspirieren, wie du dein Leben so gestalten kannst, dass Vergnügen und Leichtigkeit ihren angemessenen Anteil bekommen!

Birke: Holzkarte

Freudig und voller Energie beginne ich Neues,
behüte und beschütze es.

Etwas Neues will in dein Leben kommen, was jetzt deine volle Unterstützung und deinen Schutz braucht. Das kann etwas (scheinbar) Kleines sein oder eine große Veränderung. Diese Karte begleitet dich bei diesem Neubeginn und hilft dir, bei der Umsetzung konsequent zu bleiben, für dein »Baby« da zu sein und es zu beschützen. Feiere deinen Wandel allein oder mit Freunden.

SELBSTCOACHING: *In welchem Lebensbereich beginne ich jetzt etwas Neues?*
Falls dir noch nicht klar ist, worum es geht, verbinde dich mit der Eberesche (siehe Seite 28). Richte deinen vollen Fokus auf deinen Wandel. Was ist dafür noch zu verabschieden? Welche destruktiven Energien (Glaubenssätze, Widerstände im Innen oder Außen u. Ä.) sind noch zu bereinigen? Fühle sie, verabschiede sie, und kehre sie in deiner Vorstellung mit dem Birkenbesen aus! Welchen Schritt kannst du jetzt tun, um deinen Neubeginn in die Welt zu bringen? Sei achtsam, umsichtig und vorausschauend: Begleite, behüte und beschütze dein »Baby«, bis es groß und selbstständig ist!

BUCHE

Mütterliche Fürsorge, weises Führen/ Auch in schwierigen Zeiten dranbleiben

Die Buche gilt als Mutter des Waldes, die sich gut um ihre Kinder kümmert. Von ihr können wir lernen, uns selbst und unseren (inneren und äußeren) Kindern eine gute Mutter zu sein. Mama Buche nährt ihre kleinen Buchensämlinge über die Wurzeln, lässt sie langsam in ihrem Schatten wachsen, damit sie hartes, stabiles Holz bilden. Sie lehrt sie, effizient mit Licht und Wasser umzugehen, und motiviert sie gleichzeitig, einen direkten, kurzen Weg hinauf zum Licht zu finden. Die Buche ist der Familienbaum schlechthin. Der Förster Peter Wohlleben spricht in diesem Zusamenhang sogar von einem Waldkindergarten im wahrsten Sinne des Wortes. Uns kann sie lehren, unsere inneren und äußeren Kinder (aber z.B. auch Mitarbeiter) weise aus dem Herzen heraus zu führen und sie zu unterstützen, erwachsen und selbstständig zu werden. So kann eine Welt voller reifer, weiser und bewusst handelnder Menschen entstehen.

Die Buche ist der natürlicherweise in unseren Breiten vorherrschende Baum. Ohne Forstwirtschaft wären 30 Prozent unseres Landes mit Buchen bewachsen. Ihr

Erfolgsrezept lautet: »Gemeinschaft macht stark!« Im Gegensatz zu Einzelkämpfern wie der Birke brauchen Buchen andere Buchen. Sie schützen sich gemeinsam gegen Kälte, Hitze, Stürme und Krankheiten. Andere Bäume hingegen werden aus ihrem Gebiet verdrängt, weil Buchen unglaubliche 97 Prozent des Sonnenlichts beanspruchen.

Die Buche steht nicht nur für die mütterliche Zuwendung und die Familie. Sie kann auch ein Zuhausegefühl und Dazugehörigkeit vermitteln. Ihr Holz ist ein erstklassiges Brennholz und gibt im Ofen Wärme und vermittelt Geborgenheit.

Auch in schwierigen Zeiten dranzubleiben, ist die Botschaft der Buche. Denn Buchen werden erst mit 30–50 Jahren erwachsen, also geschlechtsreif. Das ist auch für Bäume sehr spät. Deshalb stehen sie für langsames Wachstum, Ausdauer, Geduld und konsequentes Verfolgen des Ziels.

Die Buche kann uns tief verborgenes Wissen und Weisheit offenbaren, repräsentiert Gelehrsamkeit und geduldiges, ausdauerndes Lernen. Ihre glatte Rinde lädt dazu ein, Botschaften für andere zu hinterlassen. Mit Buchenstäbchen, den »Buchstaben«, wurden in alten Zeiten Orakel geworfen. Die ersten Bücher wurden auf Buchenbrettchen geschrieben.

Buche: Baumkarte

Ich bin eine gute Mutter. Weise führe ich meine inneren und äußeren Kinder, sorge für sie und nähre sie.

Diese Karte hilft dir, aus der Liebe heraus Ja oder Nein zu sagen zu deinen inneren und äußeren Kindern – das können auch deine Mitarbeiter sein. Sie hilft dir, auch einmal eine Ablehnung aushalten zu können, wenn du unpopuläre Entscheidungen triffst. Diese Karte unterstützt dich darüber hinaus, deine Kinder freizulassen, sie eigene Erfahrungen machen zu lassen und trotzdem fürsorglich zu schauen, dass kein Schaden entsteht.

SELBSTCOACHING: *Traue ich mich, auch unpopuläre Entscheidungen zu treffen? Kann ich es aushalten, abgelehnt oder nicht geliebt zu werden? Beeinflusst mein Wunsch nach Liebe meine Führungsentscheidungen?*
Sei ehrlich mit dir! Fühle, was es jetzt zu fühlen gibt: Mangel, Schmerz, vielleicht Ablehnung oder Angst vor Liebesentzug. Die Buchenfamilie hält dich dabei!
Bin ich (mir selbst) eine gute Mutter? Bin ich liebevoll unterstützend oder gleichgültig wegschauend? Kontrolliere ich andere, oder gebe ich ihnen Freiheit?
Sei ehrlich! Sieh, was sich in dir zeigt, und bitte um Wandlung!

Buche: Holzkarte

Konsequent und ausdauernd verfolge ich mein Ziel. Ich halte durch – auch in schwierigen Zeiten.

Diese Karte gibt dir einen Motivationsschub: Bleibe dran, mache weiter, fokussiere dich auf dein Ziel – du wirst es erreichen! Durststrecken kommen und gehen – das ist ein Gesetz und gilt auch für dich! Schwierigkeiten und Rückschläge sind Lernaufgaben. Nutze sie, damit es danach schneller und leichter weitergeht!

SELBSTCOACHING: Visualisiere dein Ziel, z. B. jeden Morgen vor dem Aufstehen. Wie fühlt es sich an, wenn du es erreicht hast? Mache dir bewusst, wie du dir selbst und anderen damit Freude schenken kannst. Nimm wahr, wie weit du schon gekommen bist! Mache kleine Schritte, die du leicht bewältigen kannst. Freue dich über jeden gemachten Schritt! Wenn sich Hindernisse auf deinem Weg zeigen, schaue, was es für dich zu lernen gibt. Hole dir gegebenenfalls Hilfe. Finde Gleichgesinnte, mit denen du deinen Weg teilen kannst. Unterstützt euch gegenseitig, genau wie die Buchenfamilie!

EBERESCHE/ VOGELBEERE

Verbindung zur inneren Führung/ Die eigenen Fähigkeiten und die Bestimmung erkennen

Die Eberesche oder Vogelbeere gilt als Mittlerin zwischen Himmel und Erde, zwischen der Geistigen und der materiellen Welt und kann diese Verbindung in uns stärken. Sie hilft uns, uns verbunden zu fühlen mit unserer inneren Führung, unserem Höheren Selbst, ebenso wie mit allem, was ist. Die Eberesche kann an unglaublichen Stellen wachsen, an Orten, die kaum Erde haben. Vielfach habe ich sie schon in Felsspalten gedeihen sehen, in der Astgabel anderer Bäume und sogar in Dachrinnen. Sie scheint zwischen Himmel und Erde zu schweben und symbolisiert auch genau diese Verbindung. Dadurch, dass sie uns die Verbindung zu unserer inneren Weisheit erfahrbar macht, kann sie uns sogar vor Manipulation, Flüchen und der Verführung durch falsche Propheten schützen.

Sie hilft aber nicht nur bei der Vermittlung der inneren Stimme, sondern kann uns auch dabei unterstützen, unsere Lebensaufgabe zu finden und unser inneres Potenzial zu erkennen, wenn wir in ihrem Energiefeld

meditieren! Unser ganzes System fühlt sich stimmig an, wenn die Impulse von der inneren Führung kommen.
Schon die Kelten verehrten die Eberesche als heiligen Baum. Ihre Priester sollen im Rauch ihres Holzes Visionen der nahenden Zukunft empfangen haben und konnten so vor Unheil warnen. Die Eberesche gilt als Baum des Lebens, der uns erqicken kann, weshalb er örtlich tatsächlich »Quickbaum« oder »Quitsche« genannt wird. Er ergrünt als einer der Ersten im Frühjahr und trägt im Herbst blutrote Beeren in Fülle. Mit Ebereschenruten wurden früher Mensch und Tier geschlagen, um Lebenskraft, Gesundheit und Fruchtbarkeit zu stärken und Schutz vor allem Bösen zu geben.
Großzügig gibt die Eberesche vielen Vögeln Nahrung und Schutz. Ihre Beeren hängen bis weit in den Winter hinein am Baum. Deshalb steht sie auch für Gastfreundschaft und Schönheit. Auch für Menschen sind ihre Früchte heilsam. Sie sind roh zwar leicht giftig, fördern verarbeitet aber das Immunsystem und den Lymphfluss. Die Eberesche kann nicht nur unser Blut reinigen, sondern uns auch von destruktiven Verhaltensweisen und selbstzerstörerischen Mustern befreien.

Eberesche/Vogelbeere: Baumkarte

Ich fühle mich verbunden und lasse mich von meinem inneren Licht führen.

In dir gibt es eine Weisheit, die Wunder und geniale Fügungen in deinem Leben möglich macht und dich stimmige Entscheidungen treffen lässt. Diese Karte hilft dir, dich verbunden zu fühlen mit dir selbst, der dir innewohnenden Weisheit. Sie öffnet dich dafür, deiner inneren Führung (noch stärker) zu vertrauen. Sie hilft dir, dein Ego, das immer alles bestimmen und kontrollieren will, ein Stück weit auszuklammern.

SELBSTCOACHING: *Fühle ich mich manchmal von allem getrennt, unverbunden, »außen vor« und allein? Was hindert mich daran, mich der inneren Führung anzuvertrauen?*
Fühle diesen Schmerz. Blicke tief in dein Inneres! Was macht dir Angst, welche Glaubenssätze und Vorstellungen beherrschen dich? Bitte darum, die Verbindung zu deiner inneren Führung, der Weisheit in dir, bewusst spüren zu können. Bitte darum, dass Hindernisse aus dem Weg geräumt werden. Halte inne, höre in dich hinein, und lasse dein Leben von Fügungen und Wundern bereichern.

Eberesche/Vogelbeere: Holzkarte

Ich erkenne meine Fähigkeiten und meine Bestimmung.

Diese Karte hilft dir, zu erkennen, was deine wahren Stärken, dein inneres Potenzial, dein eigentliches Wesen sind. Sie ermöglicht es dir, den Zugang zu deinem Herzen zu öffnen, und lässt dich jenseits von Konventionen und Konditionierungen erkennen, was jetzt deine Bestimmung, deine Herzensaufgabe, ist. Das kann sowohl etwas scheinbar Kleines, wie einem Menschen zu helfen oder ein Projekt zu beginnen, als auch dein Lebensauftrag sein.

SELBSTCOACHING: *Was fällt mir leicht, macht mir Freude oder ist spielerisch einfach für mich?*
Frage auch Familie, Freunde und Bekannte!
Wann haben andere mit mir Freude? Was würde ich tun, wenn Geld und Zeit keine Rolle spielten? Wo zieht es mein Herz hin? Was habe ich Einzigartiges zu geben? Was würde ich tun, wenn es mir egal wäre, was andere über mich denken?
Verbinde dich über diese Karte mit der Eberesche. Halte inne, öffne dein Herz, lasse dich von ihr inspirieren, empfange ihre Impulse, und sieh vor deinem geistigen Auge dein Leben in der Erfüllung!

EIBE

Dem Kreislauf von Sterben und Werden vertrauen/ Hilfe und Führung erhalten

Die Eibe lehrt uns, dass nicht jeder im Licht stehen muss. Sie kann von allen Bäumen den meisten Schatten vertragen und auch im Dunklen ihr Potenzial entfalten. Bereits 1 Prozent des Sonnenlichts reichen aus, damit sie sich entwickelt!

Die Eibe kann Ratgeberin sein in allergrößter Not und tiefster Verzweifelung, auch dann, wenn es um Leben und Tod geht. Denn sie kennt sich aus mit tiefster Dunkelheit. Sie kann aus völligem Verfall auferstehen und gilt als Führerin beim Übergang von der Dunkelheit zum Licht. Sie begleitet die Entstehung des Neuen, des Lichtvollen und kann unser Vertrauen in den ewigen Kreislauf des Lebens stärken.

Die Eibe ist sehr vital. Sie investiert ihre größte Kraft in die Wurzel und kann immer wieder neu austreiben – selbst Zweige wurzeln, und hohle Stämme treiben neu aus, sodass ein ganzer Eibenwald aus einem einzigen Wurzelstock entstehen kann. Die Eibe ist der langlebigste heimische Baum – in Schottland (Fortinghall) gibt es eine Eibe, die 9000 Jahre alt sein soll! Unser Wort »ewig«

kommt von »eiwig«, also »wie eine Eibe«. Durch ihr ewiges Leben macht sie uns unsere eigene Vergänglichkeit bewusst. Auch erinnert sie daran, dass viele Ansichten und Vorstellungen, aber auch Lebensabschnitte und Beziehungen endlich sind.

Wer aber »ewig/eiwig« leben will, muss sich zu schützen wissen: Die Eibe ist wehrhaft. Alles an ihr, außer dem Samenmantel, ist hochgiftig. Pfeilgift und Gifttränke aus den Zweigen und der Rinde waren bei den Römern bekannt und wurden oft benutzt. Heute gibt es ein zugelassenes Krebsmittel, das aus den Nadeln der Eibe gewonnen wird. Wegen ihrer Giftigkeit wurde sie aber vom Menschen fast ausgerottet, denn sie ist auch für Pferde und Rinder tödlich, sobald diese nur wenige Zweige oder Rinde knabbern.

Durch ihr langes Leben kann sie Zugang zu unseren Vorfahren vermitteln – schließlich hat sie die noch selbst gekannt! Deshalb ist sie ein häufiger Friedhofsbaum. Die irischen Kelten verwendeten kleine Eibenzweige, um mit Verstorbenen zu kommunizieren.

Eibe: Baumkarte

Ich vertraue dem ewigen Kreislauf
von Sterben und Werden.

Alles, was geboren wird, muss irgendwann wieder sterben, woraufhin wieder Neues entsteht. Nichts bleibt, wie es ist – alles ändert sich, vergeht irgendwann und entsteht wieder neu. Ein ewiger Kreislauf. Diese Karte hilft dir, diesen Prozess zu akzeptieren und anzunehmen. Das befreit dich vom Leiden, und dein Vertrauen in den Kreislauf des Lebens wächst.

SELBSTCOACHING: *Was in meinem Leben will dem Ende zugehen: Vorstellungen, Pläne, eine Beziehung, eine Arbeit, ein Lebensabschnitt? Welche Gefühle löst das in mir aus? Bin ich deshalb im Leiden, im Widerstand? Kann ich wirklich akzeptieren und annehmen, was da geschieht, mich vertrauensvoll dem Prozess des Lebens hingeben?*
Versichere dich der Verbindung mit der Eibe, und stelle dich deinen Gefühlen! Lasse deine Ängste hochkommen, und fühle sie. Mache dir bewusst: Wenn Altes geht, kommt Neues. Bitte darum, dass du dies akzeptieren kannst, bitte um Vertrauen in den Prozess des Sterbens und Werdens, um heilvolle Neuwerdung.

Eibe: Holzkarte

In größter Not und tiefster Verzweifelung
erhalte ich Rat, Hilfe und Führung.

Manchmal wissen wir einfach nicht weiter. Unsere Situation scheint ausweglos, unlösbar, verzweifelt. Dann kann dir diese Karte helfen. Sie unterstützt dich dabei, dich dem Leben hinzugeben und dich einer höheren Intelligenz, einer höheren Weisheit und Liebe anzuvertrauen.

SELBSTCOACHING: Mache dir bewusst, dass unser menschlicher Verstand begrenzt ist. Lasse dein Wissen, dein (Kontrollieren-)Wollen und deine Vorstellungen los – du bist damit sowieso gerade in einer Sackgasse gelandet. Die Eibe ist die Führerin beim Übergang von der Dunkelheit zum Licht. Vertraue ihr, die mit einer höheren Weisheit und Liebe verbunden ist, und bitte, wenn du in Not bist, um Hilfe. Gib dich dem Prozess hin, und öffne dich für das, was geschieht.

EICHE

Kraft, Klarheit und Willensstärke, mein Ziel erreichen/Strukturiert handeln

Die Eiche versorgt uns mit Kraft, Klarheit, Struktur und Zielgerichtetheit. Sie hat eine gewaltige Lebenskraft, Stärke und Ausdauer und ist der König der Bäume. Die Eiche kann uns helfen, Struktur in unser Leben zu bringen, die Gedanken zu ordnen, Ziele zu setzen und zu verfolgen und Pläne zu schmieden. Sie schenkt uns einen klaren Kopf, denn sie ist ein auffallend strukturierter Baum: Ihre Blätter und auch ihre Äste wachsen nicht einfach gerade, sondern wechseln immer wieder ihre Richtung – ganz nach ihrem natürlichen Rhythmus. Sie kann uns aber auch lehren, Pläne wieder aufzugeben oder neuen Gegebenheiten anzupassen. Fließendes Strukturieren ist ihre Qualität, die am Holz und ihren Blättern so gut sichtbar ist.

Die Eiche steht für das Beschützende, Behütende und Nährende. Standhaft ist sie mit ihren tiefen Pfahlwurzeln und ermöglicht es Schwächeren, in ihrem Windschatten zu leben. Sie ist ein väterlicher Baum und kann uns helfen, die Beziehung zum inneren oder äußeren Vater zu heilen. Mehr als 700 Pflanzen- und Tierarten leben auf bzw. von der Eiche. Früher wurden sogar Schweine und

Rinder in sogegannte Hudewälder zur Mast getrieben. Die Früchte der Eiche, die Eicheln, sind offen zugänglich. Sie schenkt sie der Welt.

Von der Eiche können wir lernen, unseren Alltag mit Pausen und Erholungszeiten zu strukturieren und unsere eigene Leistungsgrenze zu erkennen und zu achten. Wie Wachen und Schlafen gehören auch Arbeiten und Erholen zum Rhythmus unserer Natur. Die Eiche versorgt nicht nur andere, sondern kann auch gut haushalten, lagert das Chlorophyll aus ihren Blättern im Herbst restlos ein, verausgabt sich nicht. So kann sie bis zu 1000 Jahre alt werden.

Die Eiche hat festes, hartes, dauerhaftes Holz. Es war schon immer wertvoll für den Menschen als Bau- und Werkstoff für Häuser, Möbel oder Weinfässer. So, wie sie eigene Verletzungen im Holz gut heilen kann, weil ihre Gerbsäure Pilze und Insekten fernhält, wirkt sie auch heilsam auf Menschen. Sie ist entzündungshemmend, zusammenziehend und blutstillend.

Eiche: Baumkarte

Kraft, Klarheit und Willensstärke wachsen in mir. Ich erreiche meine Ziele im Einklang mit dem großen Ganzen.

Mit dieser Karte kannst du Kraft tanken und deinen Geist klären. Lasse dich durchfluten von Lebenskraft, Willensstärke, Entschlossenheit und Klarheit. Nimm dir jetzt die Zeit dafür! Ein starker Wille in Verbindung mit dem Herzen bringt dich dahin, wo du hinwillst. So erreichst du deine Ziele im Einklang mit dem großen Ganzen.

SELBSTCOACHING: *Lasse ich mich im Leben oft treiben, ohne selbst Ziele zu setzen und zu verfolgen? Was sind meine wahren Antriebe und Bremser: Ehrgeiz, Konkurrenz, Trägheit, fehlendes Vertrauen, Unsicherheit …?* Fühle, was zu fühlen ist, und bewerte es nicht! Lasse dich über diese Karte mit deinem inneren Quell der Stärke, Klarheit und Willenskraft verbinden. Prüfe, ob dein Ziel wirklich dein Ziel ist! Mache einen Plan mit kleinen, überschaubaren Schritten, die dir Freude machen. Lenke den Fokus weg von dem, was noch zu tun ist, hin auf das, was du schon erledigt hast. Du schaffst das!

Eiche: Holzkarte

Planvoll, strukturiert und voller Freude handle ich zum Wohl aller.

Mit dieser Karte tust du voller Freude das, was zu tun ist für dich und die, die Hilfe benötigen. Damit du in deiner Kraft bleibst und effektiv zum Wohl aller wirken kannst, lernst du, klar zu erkennen, was wirklich deine Aufgabe ist. Diese Karte aktiviert strukturiertes Denken und Handeln. Sie hilft dir, Pausen und Auszeiten zu planen und einzuhalten. Sie ist eine »Burn-out-Vorbeugekarte«.

SELBSTCOACHING: *Gehe ich oft über meine Grenzen, und verausgabe ich mich? Wie gut bin ich darin, mir Pausen und Auszeiten in meinen Alltag einzubauen? Erkenne ich klar, was wirklich meine Aufgabe ist und was ich delegieren kann?*
Sieh klar die wahre Motivation hinter der Art deines Handelns. Fühle, wenn Gefühle dazukommen! Lasse dich von der Eiche, die sehr gut haushalten kann, beim Planen, Strukturieren und Delegieren der Aufgaben inspirieren. Achte deinen eigenen Rhytmus von Arbeiten und Erholen! Plane Pausen und Auszeiten fest ein! So kannst du freudvoll deine Aufgaben erfüllen.

ERLE

Dem Herzen und der Intuition folgen/ Mich dem Dunklem in mir selbst stellen

Die Erle ist die Vermittlerin zwischen Land und Wasser, zwischen Grob- und Feinstofflichem, zwischen Verstand und Herz. Verbunden mit dem Wasser, das für unsere Gefühlswelt steht, wirkt sie kühlend auf hitzige Gemüter und wohltuend ausgleichend auf verkopfte Menschen. Denn sie lebt und wirkt zusammen mit dem Wasser. Als einziger Baum kann sie auch im dauerhaft nassen Boden leben. Belüftungskanäle in den Wurzeln und ein beiderseitig nährendes Bündnis mit Wurzelbakterien ermöglichen ihr das. Sie muss nicht sparen und haushalten und lebt in Fülle und Reichtum. Verschwenderisch wirft sie ihre Blätter im Herbst grün ab (ohne das Chlorophyll zurückzugewinnen) und gibt den Überfluss, der durch sie fließt, an ihre Umgebung weiter.

Unheimlich wirkt sie oft, wenn sie im Nebel im Moor steht, umgeben von Wassergeistern und Irrlichtern. Sie hütet die Pforte zur Anderswelt. Früher glaubte man, die Erlenfrau zöge uns mit sich in die Tiefe, ins Moor, in den Nebel, damit wir uns verirren. Aber wenn wir uns ihr anvertrauen, auf unser Herz hören statt auf unser Wollen und Verlangen, dann kann sie uns leiten und durch die tiefsten Tiefen unserer Gefühlswelt begleiten sowie verborgene Kräfte und Qualitäten in uns erwecken.

Die Erle steht für die dunkle, wilde, strukturlose, uns manchmal ängstigende und deshalb oft verdrängte weibliche Kraft, die Urkraft der Natur – die mehr oder weniger verborgen in Frauen wie Männern lebt. Intuition, Ahnungen, übersinnliche Wahrnehmung, Kreativität, tiefstes Fühlen, Erdverbundenheit, ungezähmte Sexualität, Fruchtbarkeit und Selbstheilungskräfte können durch sie in uns (wieder-)erweckt werden. Diese so wichtigen Qualitäten bekommen dadurch – im Gleichgewicht mit den anderen Kräften – den ihnen gebührenden Platz in unserem Leben (zurück).

Die Erle galt schon immer als heilig, weil ihr Holz als einziges bei Verletzung »blutet«. Kommt ihr Saft mit Sauerstoff in Verbindung, kann man zuschauen, wie sich das Holz dunkelorange färbt. Das bedeutet, dass durch die Erlenenergie (alte) Verletzungen aufgewühlt werden können, die dann eine Zeit lang bluten, letztlich aber heilen können.

Erle: Baumkarte

Ich öffne mich dem Empfangen, folge meinem Herzen und meiner Intuition.

Die Erle unterstützt die Entfaltung deiner weiblichen, intuitiv kreativen, empfangenden Seite (bei Frauen und Männern). Dieser urweiblichen Kraft Wertschätzung zu geben, trägt zum Ganzwerdungsprozess bei. Du kannst leichter akzeptieren, auch einmal etwas nicht zu wissen, und deine Vorstellungen, dein Wollen und Verlangen loslassen. Diese Karte hilft dir, dich von deiner Intuition und Inspiration führen zu lassen. Wo wird sie dich hinführen? Lasse dich darauf ein, lasse dich überraschen!

SELBSTCOACHING: *Wie geht es mir damit, meinen Plan loszulassen und einfach einmal nicht zu wissen, wie es funktionieren kann? Welche Vorstellungen, welches Verlangen oder Wollen kann ich nur schwer loslassen? Wo will ich mit dem Kopf durch die Wand?*
Stelle deine Vorstellungen in den Hintergrund, und öffne dich für das Empfangen deiner Intuition und Inspiration. Lasse dich in die Urkraft der Natur fallen. Lasse aus dieser Tiefe überraschende, geniale Inspiration, Ahnungen, intuitive und kreative Lösungen aufsteigen. Bewerte sie nicht, sondern bedanke dich bei ihnen!

Erle: Holzkarte

Ich stelle mich dem Dunklen, Wilden in mir und erwachse in eine neue Kraft.

Wenn diese Karte zu dir kommt, meldet sich etwas in dir, was bisher verborgen war, eine Fähigkeit, ein Talent, das jetzt entdeckt werden und dein Leben bereichern will. Stelle dich dem Verborgenen, Dunklen, vielleicht Wilden in dir – es enthält ein Geschenk für dich, eine neue Kraft, eine bisher verborgene Qualität.

SELBSTCOACHING: *Bin ich bereit, mich dem Unbekannten, Dunklen, Verdrängten in mir zu stellen? Bin ich bereit, meine wilden Seiten, meine geheimen Wünsche und Begierden anzuschauen, das, was mir peinlich ist?* Nimm deine Angst an die Hand – gehe mit ihr zusammen weiter! Folge deiner Herzensführung zu den verborgenen Räumen in dir! Schaue, welche Schätze in dir schlummern! Welche fast vergessenen Heilkräfte, Weisheiten und Fähigkeiten sind in dir? Stelle dich den Gefühlen, die dabei hochkommen, und durchfühle sie. Mehr Lebendigkeit, Kraft, Heilung und Ganzwerdung sind dein Lohn!

ESCHE

Mich der Welt zeigen, meine Qualitäten teilen/ Meine innere Wahrheit aussprechen

Die Esche kann uns helfen, uns und unsere Qualitäten im Licht zu zeigen, sichtbar zu sein. Sie fällt auf mit ihren hellen Fiederblättern, ihrer hohen, lichtdurchfluteten Krone. Sie zeigt sich im Licht, versteckt sich nicht. Zwar braucht sie viel Licht, lässt aber auch viel Sonne zum Boden durch. Die Esche stärkt unsere Zuversicht, unterstützt unseren Tatendrang. Eschenlaub unter dem Kopfkissen belebt und fördert Leichtigkeit ebenso wie Willenkraft. Die Esche will buchstäblich hoch hinaus – sie kann bis zu 40 Meter hoch werden und überragt damit selbst viele Hochhäuser.

Die Esche hat ebenso wie die Ulme die Gabe, gegensätzliche Kräfte zusammenzuführen. Diese ausgleichende Energie kann sie auf uns übertragen. Denn sie ist nicht nur mit dem Licht (Feuer) verbunden, sondern auch mit dem Wasser. Sie mag es gern feucht. Tee aus ihren Blättern ist wassertreibend und hilft bei Gicht und Rheuma. Schamanen nutzen sie für Regenzauber, und in Schiffen wurde früher ein Stück Eschenholz als Schutz vor Seenot mitgeführt, weil sie »Macht über das

Wasser« hat. Feuer und Wasser, männliche und weibliche Energie, vereint sie in sich, integriert sie zu einem erfolgreichen Ganzen. Sie unterstützt uns, diese Energien auszugleichen, indem sie bei Bedarf die männliche Energie in uns stärkt. Die Esche hat dunkle, fast schwarze Knospen, helle, lichte Blätter und helles, wunderschön glänzendes, schimmerndes Holz – manchmal mit einem dunklen Kern. Sie wächst schnell, hat aber trotzdem hartes Holz, das zugleich extrem biegsam ist. Aus ihm werden Stäbe, Werkzeugstiele, Speere, Bögen und Ski- und Sportgeräte gefertigt. Die Esche hat Blütenkätzchen wie Weichholzbäume und Flügelsamen wie bei Harthölzern üblich.

Mythologisch ist die Esche mit Odin verbunden – dem Gott der Sprache und der Runen. Als Seher und Prophet war er beharrlich auf der Suche nach Wahrheit und Weisheit. Er trägt nicht nur einen Eschenspeer, sondern erlangte Weisheit und Wissen unter der Weltenesche Yggdrasil. So steht auch die Esche nach alter Tradition für Weisheit, Transformation und spirituelle Wiedergeburt. Nach alter Volksmedizin kann ein Stück Eschenholz unter der Zunge Sprachlosigkeit heilen. Und so ist die Esche auch mit dem Halschakra verbunden. Sie erleichtert uns die Kommunikation, indem sie uns sowohl unterstützt, nach innen zu hören, als auch, unsere innere Wahrheit klar auszusprechen.

Esche: Baumkarte

Voller Zuversicht zeige ich meine Qualitäten.
Was im Dunklen gewachsen ist,
bringe ich jetzt ans Licht.

Jetzt ist die Zeit dafür, dich mit dem zu zeigen, was in dir ist. Diese Karte unterstützt dich dabei und stärkt deine Zuversicht, Willenskraft und deinen Tatendrang. Verstecke dich nicht länger! Teile deinen Beitrag mit den Menschen in deiner Umgebung. Werde sichtbar mit deinen Qualitäten, egal, ob es sich um eine kleine Sache oder ein großes Projekt handelt.

SELBSTCOACHING: *Was in mir will jetzt in die Welt? Was halte ich zurück? Bin ich wirklich bereit, mich ins Licht zu stellen, will ich gesehen werden? Welche Ängste, Befürchtungen, Glaubenssätze oder körperlichen Symptome melden sich?*
Schreibe sie auf ein Blatt Papier, fühle sie, und dann übergib sie der Esche mit der Bitte um Transformation. Lege das Blatt auf diese Transformationskarte. Nimm bewusst wahr, was in dir geschieht, wenn du dich mit deinem Beitrag im Außen zeigst.

Esche: Holzkarte

Ich höre mir selbst zu. Klar spreche ich meine innere Wahrheit aus.

Die Esche vereint gegensätzliche Qualitäten in sich und unterstützt dich sowohl beim Hören nach innen als auch beim Aussprechen deiner inneren Wahrheit im Außen. Dies ist eine Heilkarte, die dir hilft, Schritt für Schritt deinen sprachlichen Ausdruck deutlicher, klarer und bewusster zu gestalten. Denn das Zurückhalten, nicht die Auseinandersetzung, schwächt uns! Bei (schwierigen) Gesprächen kannst du dir diese Karte als Unterstützung in die Tasche stecken.

SELBSTCOACHING: *Reagiere ich in Gesprächen oft automatisch, un- oder halbbewusst? Kenne ich meine innere Wahrheit? Spreche ich sie wirklich aus?*
Nimm dir Zeit, nach innen zu hören. Was in dir möchte sich ausdrücken? Gib auch den leisen, versteckten Anteilen in dir Raum und Zeit. Was davon möchte wem gegenüber ausgesprochen werden? Nimm dir auch in Gesprächen Zeit, nach innen zu hören, bevor du sprichst. Erlaube dir das, und kommuniziere es auch deinem Gesprächspartner gegenüber! Das wird das Gespräch enorm bereichern.

ESPE/ ZITTERPAPPEL

Vergangenes loslassen, im Jetzt leben/ Angst transformieren

Die Espe ist der Baum der großen Abschiede und des Loslassens. Sie lässt im Frühjahr ihre Samenwolle weit hinaus in die Welt fliegen. Von ihr können wir lernen, unsere Anhaftung an Vergangenes und Verlorenes zu erkennen und loszulassen. Oft halten wir (unbewusst) an alten Verletzungen, Verurteilungen oder Vorstellungen fest, und sie beeinflussen unser Leben weiterhin. Auch hängen wir manchmal noch lange an lieb gewonnenen Menschen, Fähigkeiten, Ideen oder Dingen, die uns durch Trennung, Tod oder Verlust genommen wurden. Das raubt uns Energie. Die Espe hilft, diese alten Bindungen zu lösen, sodass wir frei im Hier und Jetzt leben können.

Die Espe hört man schon von Weitem rauschen. Sie raunt uns orakelhaft die Botschaft des Göttlichen zu. Sie ist mit dem Luftelement und Merkur bzw. Hermes, dem Götterboten, verbunden. Schon beim kleinsten Windhauch bewegen sich die Blätter der Espe, denn ihre Blattstiele sind abgeflacht und extrem elastisch. Dadurch kann sie mit beiden Blattseiten Fotosynthese betreiben, schneller wachsen und mehr Feuchtigkeit verdunsten. Sie kann den Boden, aber auch unseren Körper entwässern und entgiften. Auch unseren Emotional- und Mentalkörper hilft die Espe von alten Verletzungen, Glaubenssätzen und Vorstellungen zu befreien. Man kann sich sozusagen den Kopf freipusten lassen. So, wie sich die Espe dem Wind hingibt, kann sie auch uns unterstützen, Hingabe, Flexibilität und Toleranz in uns wachsen zu lassen.

Die Zitterpappel, selbst hochsensibel, kann auch feinfühlige Menschen unterstützen. Wenn Vorahnungen uns in Angst und Schrecken versetzen, hilft sie, diese Botschaften einzuordnen, zu interpretieren und damit in bewusste Sensibilität zu wandeln. Die Espe lässt ihre silbrig-grünen Blätter in der Sonne glitzern und nimmt jeden noch so kleinen Impuls und Herausforderungen aus allen Windrichtungen auf und spielt damit. Sie lehrt uns, wie aus beängstigenden Situationen Gelegenheiten werden, die wir mutig, zuversichtlich und freudig spielerisch wahrnehmen. Obwohl ihr Holz sehr weich ist (aber auch zäh und splitterfest), wurden zu keltischen Zeiten Kampfschilde aus Espenholz gebaut – sie ist (auch) ein »Schild gegen die Angst«.

Espe/Zitterpappel: Baumkarte

Ich gebe Vergangenes frei,
lasse los und komme im Jetzt an!

Die Espe ist der Baum des Loslassens! Wenn diese Karte zu dir kommt, ist es Zeit, bewusst Altes freizugeben. Es ist vergangen. Es ist vorbei. Lasse los, sodass du in der Gegenwart leben kannst. Diese Karte unterstützt dich dabei! Selbst beim Entrümpeln der Wohnung kann sie dir helfen, leichter loszulassen, was du nicht mehr brauchst.

SELBSTCOACHING: *An welchen alten Verletzungen, Glaubenssätzen, Verurteilungen, Vorstellungen oder Dingen hänge ich (vielleicht unbewusst), sodass sie heute noch mein Leben beeinflussen? Gibt es einen Verlust, unter dem ich leide, den ich nicht akzeptieren kann oder will? Was hindert mich daran, loszulassen? Welchen Vorteil ziehe ich daraus, an diesem Vergangenen zu hängen?*
Fühle den Schmerz, die Trauer, was immer jetzt zu fühlen ist, und dann vergib dir und anderen! Lasse es bewusst los, lasse deinen Geist freipusten vom Festhalten. Dadurch wird die gebundene Energie frei, und du kannst in der Gegenwart ankommen – JETZT!

Espe/Zitterpappel: Holzkarte

Aus Ängsten werden Gelegenheiten. Freudig und zuversichtlich lasse ich mich auf Neues ein.

Dies ist eine Heilkarte – ein »Schild gegen die Angst«. Wenn diese Karte zu dir kommt, können sich angstbesetzte oder unheimliche Situationen im Innen oder Außen in bewältigbare Herausforderungen und Gelegenheiten wandeln. Dunkle Vorahnungen können zu gelebter Weisheit werden. Dein Blickwinkel ändert sich, und du machst ganz neue Erfahrungen.

SELBSTCOACHING: *Was im Außen oder Innen macht mir Angst, ist mir unheimlich? Sind da vielleicht Vorahnungen, die ich nicht fassen kann?*
Verbinde dich mit der Espe, die dir hilft, die Botschaft aus dem Unbewussten zu verstehen. Lasse dich bewusst auf die Kommunikation mit deinem Unbewussten oder Halbbewussten ein. Empfange, was dir dein Unbewusstes in Form von Angst, Unwohlsein oder dunklen Vorahnungen eigentlich mitteilen will. Erfasse die Botschaft, und überlege, wie sie dir im Alltag hilft, mit Situationen anders umzugehen. Beobachte, welches Potenzial in dir dadurch frei wird!

FAULBAUM

Jetzt anfangen!/Belastendes loslassen, Reinigung

Der Faulbaum kann uns sprichwörtlich Feuer unterm Hintern machen. Denn er hat es in sich: Aus seinem Holz, dem sogenannten Pulverholz, wurde früher Schießpulver gemacht, weil es sehr aschearm verbrennt. Die dunkle Rinde des Faulbaums dient als Abführ- oder Brechmittel – je nachdem, ob sie von oben nach unten oder von unten nach oben abgeschabt wird. Sie lässt uns die Dinge explosionsartig loslassen! In Norwegen heißt der Faulbaum »Trollkirsche« – als hätte ein Troll Schabernack mit uns getrieben. Die kirschähnlichen Früchte reifen von Mai bis September. Oft zeigen sich alle Reifestadien von grün über hell- und dunkelrot bis tiefschwarz an einem Zweig – gemeinsam mit den kleinen weißen Blüten. Das macht den Faulbaum wertvoll für Insekten, die bei ihm immer etwas Nahrhaftes finden. Ansonsten wächst er eher unscheinbar im Unterholz oder in feuchten Auwäldern und ist ein kleiner Baum oder Busch.

Der Faulbaum bringt uns in Schwung. Wer sich nicht bewegt und seinen Themen stellt, der wird vom Leben bewegt, indem es ihn in Lernsituationen bringt, die er

dann als Probleme oder Krankheiten wahrnimmt. Hier hilft der Faulbaum, indem er uns Belastendes, Blockierendes, Gestautes plötzlich loslassen lässt. Dabei ist es egal, ob es um körperliche oder seelische Belastungen geht. Heruntergeschluckte Verletzungen und Unbekömmliches können wir gehen lassen und uns öffnen, damit Ärger, Wut und Trauer sich wandeln. Das Innere wird nach außen geschafft und befreit. So bringt uns der Faulbaum zurück in den Fluss des Lebens und lässt uns nach der Reinigung sofort Neues beginnen!
Auffallend am Faulbaum ist seine dunkle Rinde mit den hellen Sprenkeln, den sogenannten Lentizellen – Atemlöchern der Rinde. Aus der Rinde hergestellter Tee fördert den Gallen-, Leber- und Milzfluss. Das wundervoll hell- bis ziegelrote Faulbaumholz mit dem hellgelblichen Splint wurde früher zu Holzkohle verarbeitet. Heute dient der Faulbaum als farbenfrohes Drechselholz.

Faulbaum: Baumkarte

Ich beginne jetzt! Sofort!

Egal, ob es um ein schon lange vorbereitetes Projekt geht oder um ein Thema, das seit Kurzem in dir rumort, den Abwasch, den Hausputz, die Steuerklärung, ein Telefonat oder einen Ausflug mit Freund oder Freundin: Jetzt ist die Zeit dafür. Fange an! Der Faulbaum macht dir »Feuer unterm Hintern«. Traue dich, und lasse »nichts anbrennen«! Dies ist der Schubs, den es braucht, damit du jetzt loslegst.

SELBSTCOACHING: *Was schiebe ich schon länger vor mir her? Welchem Thema will ich mich nicht so gern stellen? Was will jetzt getan, gesagt, begonnen werden? Was braucht noch diesen kleinen Schubs?*
Fange damit an – jetzt! Nutze diesen besonderen Zeitpunkt: »Schieß los«!

Faulbaum: Holzkarte

Ich lasse angestaute Gefühle und Belastendes jetzt los. Reinigung und Befreiung geschehen!

Diese Karte hilft dir, das, was dich in deiner Entwicklung behindert, loszulassen – ob es alte Kränkungen, unterdrückte Wut oder destruktive Glaubenssätze sind. Sie reinigt deinen Energiefluss, löst Blockaden und Stauungen. Jetzt ist die Zeit dafür, denn die Energie des Faulbaums ist das Loslassen – oft unerwartet schnell und heftig!

SELBSTCOACHING: *Was blockiert meinen Energiefluss, behindert mich in meiner Entwicklung: schmerzliche Erlebnisse, unterdrückte Gefühle …? Woran halte ich (verbissen) fest: hinderliche Angewohnheiten, destruktive Glaubenssätze, überholte Vorstellungen …? Womit identifiziere ich mich, statt frei mit allem zu fließen? Welche Angst oder Bequemlichkeit verhindert das Loslassen: Angst vor Veränderung, vor dem Unbekannten, Angst, die Kontrolle zu verlieren …?*
Fühle die Gefühle, ohne sie zu bewerten! Jetzt ist die Zeit des Loslassens. Verbinde dich mit der Qualität des Faulbaums: seelischem Abführmittel, geistigem Schießpulver. Lasse los – jetzt! Reinigung und Befreiung geschehen! Dein Leben fließt frei!

FICHTE

Aufrichtig durch mein Leben gehen/ Meinen Platz finden

Die Fichte zeigt uns von allen Bäumen am deutlichsten die Wechselwirkung zwischen Lebensumfeld und dem Erblühen der eigenen Fähigkeiten und Talente. Wächst sie in ihrem natürlichen Lebensraum, dem Gebirge, dann kommen ihre Qualitäten zum Tragen, und sie lässt hochwertiges Holz wachsen, aus dem sogar Musikinstrumente gebaut werden. Werden Fichten aber im (vergleichsweise trockenen) Tiefland auf schlechten Böden angebaut, wachsen sie – Baum an Baum in einer Reihe – als langweiliger, oftmals kranker Fichtenforst mit minderwertigem Nutzholz. Die Fichte kann – ebenso wie wir Menschen – unter schwierigen und harten Bedingungen überleben. Aber in ihre Kraft kommen und ihre Qualitäten zum Erblühen bringen, das gelingt nur an einem für sie förderlichen Platz. Genau wie sie können wir unser Potenzial nur dann voll entfalten und erfüllt leben, wenn wir an einem stimmigen Ort leben und ein unterstützendes Umfeld um uns haben. Im Gegensatz zur Fichte können wir unser Umfeld ändern, sei es der Wohnort, der Arbeitsplatz, die Partnerschaft, der Freundeskreis. Indem wir kleine

Schritte in die richtige Richtung gehen, können wir unser Potenzial entfalten!
Die Fichte hilft uns, aufrecht, aufgerichtet, aufrichtig durch unser Leben zu gehen, keine Umwege oder faulen Kompromisse zu machen. Sie repräsentiert die innere Integrität, das Zu-sich-Stehen und Verfolgen der inneren Wahrheit – auch wenn es schwierig ist. Denn aufrecht steht die Fichte, wächst in langen geraden Stämmen ohne Verzweigungen. Sie strebt direkt zum Licht und schöpft über die Krone ihre Kraft. Sie vereinigt irdische und himmlische Kräfte, darum wird sie in Süddeutschland häufig als Maibaum verwendet. Im Schiffsbau liefert die Fichte die längsten und besten Schiffsmasten. Die Fichte unterstützt uns, in die Ordnung, ins Gleichgewicht zu kommen. Räuchern mit Fichtenharz stärkt den Willen für ein geordnetes, gesundes Leben und hat reinigende Wirkung. Mit ihrem geraden, aufrechten Stamm ist die Fichte gut im Gleichgewicht, die Äste biegen sich im Winter nach unten, damit die Schneelast leichter abrutscht. Sie kann uns lehren, Belastungen und Anfeindungen einfach von uns abfallen zu lassen. Die Fichte ist eine Trostspenderin und als immergrüner Baum stets für uns da.

Fichte: Baumkarte

Aufrecht und aufrichtig gehe ich durch mein Leben und bin integer.

Genau wie die Fichte direkt zum Licht strebt, ohne Umwege und Verzweigungen, kannst auch du direkt deinem inneren Licht folgen und stimmige Wege und Lösungen finden. Diese Karte steht für innere Integrität. Sie hilft dir, dich aufzurichten und zu dir und deiner inneren Wahrheit zu stehen, deiner innersten Überzeugung gemäß zu handeln.

SELBSTCOACHING: *Was ist meine wahre Motivation hinter dem, was ich tue? In welchem Bereich meines Lebens verbiege ich mich oder »hänge ich mein Fähnlein nach dem Wind«? Wo verleugne ich meine innere Wahrheit und gehe faule Kompromisse ein?*
Fühle deine Ängste! Halte den Fokus auf dein inneres Licht – hier kannst du deine Kraft schöpfen. Die Fichte kann auch unter harten Bedingungen überleben, steht im Gleichgewicht und kann deshalb äußere Belastungen einfach abschütteln. Sie kann dich auf deinem Weg lehren und unterstützen, deiner inneren Wahrheit zu folgen.

Fichte: Holzkarte

Ich finde den Platz, an dem ich meine Qualitäten zum Erblühen bringen kann.

Wenn diese Karte zu dir kommt, ist es Zeit, zu schauen, ob du in allen Aspekten deines Seins an dem Platz bist, wo deine Fähigkeiten optimal erblühen können. Denn dein Lebensumfeld unterstützt oder hemmt dich in deiner Entwicklung. Diese Karte hilft dir, sowohl den passenden Platz (Wohnort, Beziehungen, Arbeitsplatz) zu finden als auch deine Schritte dorthin zu lenken. Sie gibt Kraft und lässt dich den Fokus halten, damit du all deine Qualitäten und Talente entfalten kannst.

SELBSTCOACHING: *Welche meiner Talente und Qualitäten verkümmern, werden nicht oder wenig gefördert und wertgeschätzt, erscheinen unerwünscht in dem Umfeld, in dem ich lebe? Was müsste sich ändern, damit sich mein volles Potenzial entfaltet?*
Visualisiere im Detail, in Farbe und mit einem Gefühl von Erfüllung und Dankbarkeit, wie das für dich förderliche Umfeld aussieht. Welche (kleinen) Schritte kannst du gehen, um diesem Platz näher zu kommen? Und dann gehe diese Schritte!

HAINBUCHE/ WEISSBUCHE

Aus meiner Mitte heraus leben/Bei mir bleiben, was auch passiert, innere Stille

Die Hainbuche oder Weißbuche kann uns helfen, in unsere Mitte zu kommen und nach unserem eigenen, natürlichen Rhythmus von Anspannung und Entspannung zu leben. Hainbuchen haben oft eine auffallend strukturierte und regelmäßige Krone. Straßenbäume, die »ordentlich gekämmt« aussehen, sind meist Hainbuchen. Die Hainbuche wächst unbeeindruckt von äußeren Gegebenheiten ihrem inneren Wesen entsprechend. Sie ist ein Baum von unverwüstlicher Lebenskraft. Zerstoßene Hainbuchenblätter riechen angenehm, wecken unsere Lebensgeister und können sogar gegen Depressionen helfen. Der Baum hilft uns, frisch und voller Schwung unsere Arbeit zu tun.

Die Hainbuche hilft außerdem, Vertrauen in die eigene Kraft und Natur unseres Seins zurückzugewinnen oder neu zu entwickeln. Sie ist als Heckenbaum beliebt, weil sie selbst größte Verstümmelungen aushält – sie ist »hart im Nehmen«. Man kann sie zurechtschneiden, wie man mag – sie nimmt es nicht übel und wächst trotzdem in ihrer natürlichen Art und Weise. Auch wir Menschen werden manchmal in unseren Ausdrucksmöglichkeiten »beschnitten«. Dann kann uns die Energie der Hainbuche helfen, in unseren inneren Rhythmus zurückzufinden sowie neue kreative Lösungen zu finden, damit wir trotzdem unseren Weg gehen können.

Die Hainbuche bleibt sich immer treu, egal, was mit ihr passiert. Sie ist ein genügsamer Baum, der auch mit wenig Licht, Trockenheit und Wärme gut zurechtkommt. Ihr Holz ist sehr hell, fast weiß, sehr schwer und extrem hart. Früher wurden Zahnräder, Holzschrauben und Mühlräder daraus gemacht, heute immer noch Werkzeugstiele und Hackblöcke für den Metzger. Selbst wenn auf ihr herumgehackt wird, kann sie das ertragen – eine besondere Qualität. Von ihr können wir lernen, bei uns zu bleiben, uns weniger provozieren zu lassen, uns nicht in Dramen zu verstricken und Manipulationen zu erkennen. Sie kann uns auch in die innere Stille führen, wenn wir in ihrem Energiefeld meditieren. Gedanken und innere Konflikte beruhigen sich.

Der Geruch brennenden Hainbuchenholzes lindert Albträume und sorgt für guten Schlaf und positive Stimmung. Es verbrennt so heiß, dass man damit sogar Eisen schmelzen kann.

Hainbuche/Weißbuche: Baumkarte

Voller Schwung wirke ich aus meiner Mitte heraus. Ich lebe in meinem eigenen, natürlichen Rhythmus.

Diese Karte unterstützt dich dabei, zu dir (zurück-) zu finden, Vertrauen in dein eigenes Sein zu entwickeln und den Zugang zu deiner Mitte, deinem inneren Gleichgewicht, zu stärken – auch dann, wenn es um dich herum »tobt«. Du findest deinen eigenen natürlichen Rhythmus von Anspannung und Entspannung und lebst frisch und schwungvoll dein Leben.

SELBSTCOACHING: *Fühle ich mich (oft) fremdbestimmt von äußeren oder inneren Zwängen? Habe ich meinen eigenen, natürlichen Rhythmus verloren oder noch gar nicht gefunden? Habe ich vor lauter Tun mich selbst vergessen?*

Jetzt ist die Zeit, in deine Mitte zu kommen. Nimm dir jeden Tag Zeit nur für dich. Stelle dir vor, du sitzt im Energiefeld der Hainbuche. Nimm diese Karte in die Hand, und konzentriere dich auf deinen Atem. Wenn du merkst, dass deine Gedanken dich wegtragen, komme zurück zu deinem Atem. Du wirst dann auch im Alltag mehr bei dir sein.

Hainbuche/Weißbuche: Holzkarte

Nichts und niemand kann mich von meinem Weg abbringen. Ich bleibe bei mir, was auch passiert.

Diese Karte hilft dir, bei dir zu bleiben, egal, was im Außen oder Innen geschieht. Sie unterstützt dich dabei, dich auf die Fakten zu fokussieren, dich nicht in Dramen zu verstricken und dich nicht oder zumindest weniger provozieren und manipulieren zu lassen. Der Zugang zu deinem Inneren intensiviert sich. Du bleibst bei dir und auf deinem Weg. Dein Selbstvertrauen wächst. Innere Konflikte nehmen ab – Frieden ist in dir.

SELBSTCOACHING: *Fühle ich mich schnell angegriffen, verunsichert, provoziert von anderen im Außen oder auch von Stimmen im Innen – z. B. dem inneren Kritiker? Lasse ich mich leicht von meinem Weg abbringen?*

Stelle dir die Hainbuche mit ihrem harten Holz in deinem Rücken vor: Fühle, was jetzt an Gefühlen da ist – Unsicherheit, der Schmerz, ignoriert zu werden … Jetzt ist die Zeit, zu dir zu stehen! Gib dir selbst die Erlaubnis, bei dir zu bleiben und deinen Weg zu gehen. Du musst dich nicht dafür rechtfertigen.

HASELNUSS

Die passende Partnerschaft finden/Zum Kern kommen, Antwort und Orientierung finden

Die Hasel ist ein Symbol der Fruchtbarkeit und steht für die Fähigkeit, den passenden Partner zu erkennen. Schon im zeitigen Frühjahr produzieren ihre männlichen Blüten unglaubliche Mengen an Pollen – Allergiker fürchten sie deshalb. Es gibt viele Liebes- und Hochzeitsorakel mit ihr: Werfen z. B. Liebespaare zwei Haselnüsse in die Glut eines Feuers und die verbrennen ruhig, ohne krachend auseinanderzuplatzen, sagt man dem Paar eine glückliche Ehe voraus. Die fruchtbare Kraft, die die Hasel aktiviert, bezieht sich aber nicht nur auf Liebe und Sexualität. Auch Arbeitsbeziehungen können und sollten fruchtbar sein, wofür es den passenden Partner braucht.

In der Nähe von Haselsträuchern (und auch beim Verräuchern der Rinde) kommt eine kindliche Energie der bedingungslosen Freude, Leichtigkeit und des Frohsinns auf. Haseln sehen immer jung aus, denn ihre Stämme sterben nach 30–50 Jahren ab und werden durch junge Triebe ersetzt. Die Hasel erleichtert den Zugang zu unserem inneren Kind. Sie hilft uns, uns Zeit zu nehmen für Spiel und Spaß mit uns allein oder mit

Freunden. Auch die spielerische Kreativät wird durch sie geweckt, sodass wir Möglichkeiten und Lösungen finden können, die uns vorher verborgen waren.
Sie ist die Führerin zur Urquelle der Weisheit und der »Wünschelrutenbaum«. Ihre Zweige dienen immer noch zum Finden von Wasseradern oder Störfeldern. Mithilfe von Haselstöcken können aber auch verlorene Gegenstände oder der Weg (auch der innere Entwicklungsweg) (wieder-)gefunden werden. Wegweisung ist eine ihrer Qualitäten! Die Hasel steht dafür, ein Rätsel zu lösen, eine harte Nuss zu knacken, ein Geheimnis aufzudecken, Antworten zu finden, eine Lebensaufgabe zu bewältigen und zum Kern der Sache zu kommen. Vor dem Genuss der schmackhaften Haselnüsse müssen wir nämlich die Nuss knacken. Mit der Schale bricht der äußere Schein weg, und das vorher Unsichtbare, der Kern der Sache, die verborgene Wahrheit, wird sichtbar.
Haselnüsse waren schon immer eine wichtige Vitamin-, Eiweiß- und Fettquelle, die das Gedächtnis ebenso wie das Denk- und Urteilsvermögen anregt – das klassische Studentenfutter enthält deshalb besonders viele Haselnusskerne.

Haselnuss: Baumkarte

Ich finde den passenden Partner und gehe eine fruchtbare Beziehung ein.

Wenn diese Karte zu dir kommt, öffnet sich dein Energiefeld dafür, den passenden Partner, die passende Partnerin zu finden und zu erkennen. Dabei geht es nicht nur um Liebesbeziehungen. Auch Beziehungen im Arbeitsleben oder Hobbybereich oder auf dem spirituellen Weg können und sollten fruchtbar sein, und auch hier ist ein passender Partner förderlich. Lasse dich überraschen! Probiere dich aus – spielerisch leicht und freudvoll wie die Hasel.

SELBSTCOACHING: *Bin ich offen für eine neue Partnerschaft – in welchem Bereich auch immer? Gibt es Ängste in mir, alte Verletzungen, Schmerzen, die dazu führten, dass ich mich bisher verschlossen habe?*
Mache sie dir bewusst, nimm sie liebevoll an, fühle sie, ohne sie zu bewerten, und verabschiede sie. Jetzt ist die Zeit reif für neue Erfahrungen, neue Menschen in deinem Leben, mit denen du fruchtbar zusammenarbeitest oder -lebst!

Haselnuss: Holzkarte

Ich knacke die Nuss und komme zum Kern.
Verbunden mit der Urquelle der Weisheit
finde ich Antwort und Orientierung.

Da ist ein Rätsel in deinem Leben, eine (bisher) ungelöste Aufgabe, etwas Verlorenes, eine scheinbar unüberwindbare Hürde, ein unbekannter Weg ... Mit dieser Karte kannst du tiefer schauen, der äußere Schein bricht weg, und das bisher Verborgene offenbart sich dir. Die Nuss knackt, du dringst zum Kern der Sache vor, findest Antwort und Wegweisung!

SELBSTCOACHING: *In welchem Bereich liegt meine ungelöste Aufgabe, die Hürde, das Unbekannte?*
Lege dich in deiner Vorstellung oder physisch unter einen Haselstrauch mit dieser Karte auf dem Herzen. Schließe deine Augen, gehe in die Stille, öffne dein Herz, und verbinde dich mit deinem Thema. Bitte die Hasel um Hilfe für dein Problem, deine Frage, deinen Weg. Die Hasel schenkt weissagende, wegweisende (Tag-)Träume. Lasse dich beschenken. Nimm alles an, ohne es zu bewerten – halte deinen inneren Kritiker zurück! Bedanke dich für das, was du bekommen hast, und öffne deine Augen.

HOLUNDER

Mich öffnen für Fülle und Wohlstand/ Destruktive Energien unschädlich machen

Der Holunder steht für Fülle, Wohlstand und Erfüllung im Leben. Er kann es sich als einer der wenigen heimischen Bäume leisten, seine Blätter grün abzuwerfen, während andere Bäume noch den letzten Rest an Nährstoffen rückgewinnen. Dadurch nährt der Holunder seine Mitwelt und bringt den Boden um ihn herum ins Gleichgewicht. Er repräsentiert den Kreislauf von Geben und Nehmen.

Der Holunder kann das Unedle in Edles wandeln. Er wächst gern auf Schuttflächen oder dem Komposthaufen. Seine Blätter und seine Rinde riechen unangenehm und können als natürliches Mittel zum Insektenvertreiben genutzt werden. Seine prachtvoll weißen Blüten aber entfalten einen wundervollen Duft. Bis 20 Zentimeter groß und offen sind die Dolden. Sie schenken sich der Welt.

Der Holunder ist neben der Linde der wichtigste Heilbaum. Er galt früher als »Bauern-Apotheke«, und tatsächlich ist jeder Teil des Baumes hilfreich und heilend für den Menschen. Er ist der Baum der Holla, der Holunderfrau, Frau Holle. Sie ist die Erdgöttin, nährend, heilend, weise und gutmütig.

Der Holunder hat die Fähigkeit, destruktive Energien anzuziehen, zu binden und in die Erde abzuleiten. Fast jeder Hof hatte früher einen Holunder als Schutzbaum. Zu ihm ging man mit Krankheiten, Unwohlsein oder, wenn einem Unglück drohte. Oft kam er ungerufen und siedelte sich von sich aus in der Nähe der Menschen an. Der Holunder galt als Sitz der guten Geister, deren Herrin die Holla ist. Die Rinde als Räucherwerk kann Räume reinigen. Wasser, in dem eine Weile Hollerblüten lagen, schmeckt nicht nur erfrischend, sondern hat auch eine bewusstseinserweiternde Wirkung.

Der Holunder ist ein Baum, der Gegensätze vereint: weiße Blüten und schwarze Beeren, stinkende Rinde und Blätter und süß duftende Blüten. Seine Ausstrahlung ist magisch, manchmal unheimlich und auch erdend, wohltuend und besänftigend. Der Holunder repräsentiert die weiße, weise Göttin, die für Fruchtbarkeit und Geburt steht, ebenso wie die schwarze Göttin, die die Seelen von Menschen, Tieren und die Samen der Pflanzen in die Unterwelt leitet.

Holunder: Baumkarte

Dankbar genieße ich Wohlstand und Fülle in meinem Leben und gebe sie großzügig weiter.

Diese Karte aktiviert dein Wohlstandsbewusstsein und die Dankbarkeit für das, was du schon hast. Vorstellungen, Ängste und Glaubenssätze, die den Fluss von Fülle und Wohlstand in deinem Leben be- oder verhindern, wandeln sich. Geben und Nehmen gehören zusammen. Indem die Fülle dich beschenkt, unterstützt du auch gebend deine Mitwelt.

SELBSTCOACHING: *Bin ich dankbar für das, was ich bereits in meinem Leben habe: Gesundheit, Geld, Arbeitsplatz, Besitz, Familie, Beziehungen? Spüre ich Mangel und Begrenzung in bestimmten Bereichen meines Lebens? Fühle ich mich wert, in Fülle zu leben? Habe ich Freude am Geben? Fällt es mir leicht, Dinge anzunehmen?*
Mache dir deine begrenzenden Glaubenssätze bewusst, fühle deine Gefühle: Mangel an Dankbarkeit, an Wertschätzung, Angst vor Armut … Bitte die Holunderfrau um Transformation – sie kann Unedles in Edles wandeln! Mit dem Fokus darauf, was du schon hast, wirst du neue Chancen in deinem Leben erkennen und nutzen können.

Holunder: Holzkarte

Unedles wandelt sich in Edles. Destruktive Energien werden gebunden und unschädlich gemacht.

Wenn diese Karte zu dir kommt, werden destruktive Energien, Krankheiten sowie begrenzende Glaubenssätze und Vorstellungen gebunden und gewandelt. Egal, in welchem Bereich das Ungleichgewicht herrscht, jetzt ist es Zeit, dir deiner inneren Haltung, deines inneren Dialoges bewusst zu werden und sie in die Heilung zu bringen. Dann können die Energien wieder frei fließen.

SELBSTCOACHING: *In welchem Bereich meines Lebens gibt es Hindernisse oder Blockaden? Welche innere Haltung, welchen inneren Dialog, welche Überzeugungen habe ich zu dem Thema? Welche Gedanken und Vorstellungen habe ich über diesen Bereich des Lebens? Sind da Liebe, Wertschätzung, Fülle in mir, oder spüre ich eher Wertlosigkeit, Mangel, Gier, Angst, Enttäuschung?*
Sieh die Glaubenssätze und Vorstellungen, fühle die Gefühle – doch bewerte sie nicht! Bitte die Holunderfrau um Wandlung. Sieh vor deinem inneren Auge, wie sie diese destruktiven Energien an sich nimmt, sie bindet und zur Wandlung mit sich ins Erdreich bringt. Fühle die Befreiung!

ILEX/STECHPALME/ CHRISTUSDORN

Mein Herz für Mitgefühl und Liebe öffnen/ Mir selbst und anderen vergeben

Der Ilex verbindet uns mit der Quelle von Liebe und Mitgefühl und hilft, unser Herz zum Erblühen zu bringen. Er galt in vorchristlicher Zeit als Winterform vom »grünen Mann«, der männlichen Energie der Natur. Später wurde er mit seinem immergrünen Laub, den Dornen und blutroten Beeren zum Christusdorn, dem Baum Jesu. Im Frühjahr ist er mit kleinen weißen, wundervoll duftenden Blüten übersät.

Mit seinen harten, spitz-stacheligen Blättern regt er uns zu Wach- und Achtsamkeit an. Damit trägt er zu Klarheit und Entschlusskraft bei und wird zum »Schwert der Wahrheit«. »Schaue hin, sei ehrlich mit dir, fühle den Schmerz!«, scheinen die spitzen Stacheln des Ilex uns zu sagen. Seine Zweige biegen sich oft tief bis zur Erde herab und bilden so einen geschützten Raum um den Stamm herum. Hier können wir uns physisch oder geistig hineinsetzen und uns selbst begegnen. Hier fällt es uns leicht, tief in uns zu gehen, ehrlich mit uns selbst zu sein und das eigene Leid und den Schmerz zu durchfühlen. Dann öffnet sich unser Herz für Vergebung, Mitgefühl und Liebe für uns selbst und andere. Wir können in Frieden kommen mit dem menschlichen Sein.

Von allen heimischen Bäumen fühlt sich das fein polierte Ilex-Holz für mich am schönsten an – und der Tastsinn wird ja dem Herzchakra zugeordnet. Es ist eine wundervolle, sehr sinnliche Erfahrung! Auch Drechsler und Messermacher schätzen das Holz sehr, denn es ist hart, zäh und sehr feinfaserig. Da der Ilex viel Schatten vertragen kann, finden wir ihn selbst im (für Bäume) dunklen Buchenwald. Langsam und geduldig wächst er heran und lässt dabei sein feines Holz reifen.

Ilex/Stechpalme/Christusdorn: Baumkarte

Ich bin mit der Quelle der Liebe verbunden und fühle tief in mich hinein. Mein Herz öffnet sich – für mich selbst und andere.

Diese Karte hilft dir, dich selbst so anzunehmen, wie du bist – mit allen Stärken und vermeintlichen Schwächen, deinen Talenten und Unzulänglichkeiten. Sie unterstützt dich dabei, ehrlich mit dir zu sein, tief in dich hineinzuschauen und den eigenen Schmerz zu fühlen. Dann kann sich dein Herz öffnen, und du wirst nachsichtig, liebevoll und mitfühlend mit dir selbst und anderen sein können.

SELBSTCOACHING: *Welche Anteile in mir mag ich nicht, finde ich dumm oder peinlich, will ich loswerden? Welche abgelehnten Anteile spiegeln mir andere?*
Lege den Fokus auf dein Herz, setze dich (geistig) zu einem Ilex, und verbinde dich mit seiner Energie von Liebe, Mitgefühl und Akzeptanz. Schaue tief in dich hinein, und fühle den Schmerz, der sich dir zeigt. Bitte den Ilex, deine bisher ungeliebten Anteile mit seiner Liebe zu bedenken, und dann – jetzt geht das ganz leicht – nimm sie in dein Herz. Sie gehören zu dir, nur mit ihnen bist du ganz und heil. Welche Qualitäten bergen gerade diese Anteile? Bedanke dich bei ihnen!

Ilex/Stechpalme/Christusdorn: Holzkarte

Ich vergebe mir selbst und anderen,
was Schmerz und Leid ausgelöst hat.

Diese Karte hilft dir dabei, dir selbst und anderen zu vergeben. Vergebung bedeutet nicht gutheißen, sondern sich von der Bindung an altes Leid befreien. Wir sind Menschen und machen Fehler, handeln manchmal lieblos und unbewusst. Wenn diese Karte zu dir kommt, kann dein Herz sich öffnen, und Vergebung und Befreiung können geschehen.

SELBSTCOACHING: *Wofür schäme ich mich, fühle ich mich schuldig? Was kann ich mir nicht verzeihen? Welchen Schmerz, den andere bei mir ausgelöst haben, habe ich noch nicht ganz vergeben? An welchen alten Verletzungen halte ich fest?*
Fühle, welchen Schmerz du verursacht hast – in dir, im anderen. Mache dir klar, dass wir Menschen oft unbewusst handeln und dadurch Schmerz und Leid auslösen. Verbinde dich mit der Herzensenergie des Christusdorns, und bitte ihn, dir zu helfen, dir deine Taten zu vergeben. Lasse ihn dein Herz öffnen, damit du auch anderen vergeben kannst, was sie dir angetan haben. Spüre, wie befreiend das ist!

KASTANIE/ ROSSKASTANIE

Grübeleien beruhigen, erkennen, was wichtig ist/Die Grenzen des Verstandes akzeptieren

Die Kastanie hilft uns dabei, innezuhalten, zur Ruhe zu kommen und abzuschalten. Wenn wir uns in Gedanken, Grübeleien und inneren Geschichten verfangen, immer wieder um ein Thema kreisen und uns wie in einer stacheligen Kastanienfrucht gefangen fühlen, dann kann uns dieser Baum helfen. So, wie die auffallend dicken Knospen und auch die Kastanienfrüchte irgendwann aufbrechen, können wir unsere Grübelein gehen lassen und uns für das Hier und Jetzt öffnen. Dann sind wir in der Lage, zu erkennen, was wirklich wichtig ist in unserem Leben. Kastanienbäume stehen nicht zufällig in vielen (bayrischen) Biergärten. Sie lassen uns zur Ruhe kommen und geben natürlichen Sonnenschutz. Aus der Zweigrinde der Kastanie werden Sonnenschutzmittel hergestellt, weil sie die UV-Strahlung hemmt. Schlaflosigkeit und Kopfschmerz aufgrund innerer Unruhe und ewiger Grübeleien beruhigen sich mit der Energie der Kastanie.

Der Kastanienbaum kann uns mit seiner Energie zu der Einsicht führen, dass wir nicht alles wissen und verstehen können und das auch gar nicht brauchen. Er hilft uns dabei, die Grenzen unseres Verstandes zu erkennen und zu akzeptieren. Es ist durchaus entspannend, einmal nichts zu wissen – und vor allem: nichts wissen zu müssen! Dann nämlich, wenn wir es aufgeben, alles kontrollieren zu wollen, recht haben zu müssen und auf der Verstandesebene nach Lösungen zu suchen, kann eine höhere Intelligenz wirken. Die Bachblüte der weißblühenden Rosskastanie hilft sogar bei »Unbelehrbarkeit«. Wir können durch die Kastanie lernen, unseren Verstand, unser Ego zurückzunehmen und offen zu sein für die Weisheit, die dann durch uns fließt.

Die Kastanie ist ein prachtvoller, stattlicher Baum. Besonders zur Blütezeit strahlt sie Lebensfreude, Fülle und pompöse Schönheit aus. Die Blütenkerzen sind dabei ein artübergreifendes Kommunikationsmittel: Sie locken nicht nur Insekten an, sondern signalisieren auch, wo Nektar zu holen ist und wo nicht mehr. Sobald nämlich eine Einzelblüte befruchtet ist, wechselt ihre Farbe von Gelb zu Rot. Sich eine Blütenkerze einmal genauer anzuschauen, möchte ich unbedingt empfehlen, es lohnt sich sehr!*

---

* Auf meiner Webseite www.antje-ohlhoff.de/baumgefluester gibt es ein Video zu den Details einer Kastanienblüte.

Kastanie: Baumkarte

Meine Gedanken beruhigen sich.
Ich erkenne, was wirklich wichtig ist.

Wenn Grübeleien, kreisende Gedanken oder innere Geschichten deine Wahrnehmung trüben, dann hilft dir diese Karte. Sie unterstützt dich dabei, innezuhalten, das Gedankenkarussel zu beruhigen und im Hier und Jetzt anzukommen. Und dann kannst du erkennen, was wirklich wichtig ist, worauf es jetzt ankommt.

SELBSTCOACHING: *Fühle ich mich meinen Grübeleien und endlosen inneren Geschichten und Gedanken hilflos ausgeliefert? Bestimmt mein Denken mein Leben?* Fühle die Ohnmacht, die Hilflosigkeit, die aus dem Nicht-kontrollieren-Können, Nicht-abschalten-Können resultiert. Spüre sie, ohne sie zu bewerten! Nimm ein paar tiefe Atemzüge: Einatmen – ausatmen – ganz bewusst. Verbinde dich mit dem beruhigenden Energiefeld der Kastanie. Lasse Gedanken wie »Ich muss doch …« und »Ich will ja …« los. Selbst ein »Ich habe aber recht« kann sich mit der Energie der Kastanie wandeln. Und dann öffnen sich deine (inneren) Augen neu, und du kannst erkennen, was wirklich wichtig ist in deinem Leben.

Kastanie: Holzkarte

Ich erkenne und akzeptiere die Grenzen meines Verstandes. Mein Ego tritt zurück.

Diese Karte hilft dir, zu erkennen, dass die Welt größer, reicher und vielfältiger ist, als wir es mit unserem begrenzten Verstand erkennen und verstehen können. Du kannst lernen, dein Ego zurückzunehmen, wenn es kontrollieren, recht haben und dein Leben bestimmen will. Die Grenzen des Verstandes zu akzeptieren, entspannt! Dann kann eine höhere Weisheit durch dich wirken.

SELBSTCOACHING: *Wann und wo habe ich bereits etwas erlebt, was mit meinem Verstand nicht erklärbar ist? Welche überraschenden Lebenswendungen habe ich erfahren? Der Verstand ist endlich und hat seine Grenzen. Kann ich das akzeptieren? Welche Widerstände, Gefühle und Ängste kommen hoch?*
Fühle sie! Wenn du die Grenzen des Verstandes akzeptierst, gibst du das endlose Alles-wissen- und Alles-verstehen-Wollen auf. Dein ganzes System entspannt sich, und eine höhere Vernunft kann durch dich wirken.

KIEFER

Vorangehen und mein Licht in die Welt bringen/Tun, wofür mein Herz brennt

Die Kiefer ist eine Lichtbringerin und kann uns dabei unterstützen, unser Licht und unsere Fähigkeiten in die Welt zu bringen. Das ist wichtig, denn jedes Talent, das wir bekommen haben, birgt auch die Verantwortung, es zu nutzen. Die Kiefer bringt das Licht in die Dunkelheit. Mit Kienspänen, den harzreichen Kiefernholzsplittern, wurden früher die Wohnstuben erhellt. Wenn eine Kiefer blüht, sieht das aus wie ein mit brennenden Kerzen geschmückter Weihnachtsbaum. Der Pollen der männlichen Kiefernblüten brennt mit einer beeindruckenden Stichflamme, weshalb er schon von alters her für Feuerzauber verwendet wird. Feuer ist das Element der Kiefer, sie hat feuerrote Rinde und Holz. Die Zapfen mancher Kiefernarten öffnen sich erst nach einem Waldbrand, denn dann ist das Land von Konkurrenzbäumen befreit, und es gibt genügend Licht für ihre Sämlinge.

Die Kiefer geht voran, bereitet den Boden und macht neues Land – Sümpfe oder karge Sandböden – bewohnbar für sich und andere. Sie unterstützt uns auch, wenn wir Neuland auf geistiger Ebene betreten wollen. Mit ihrer transformierenden Feuerenergie können sich

Schuldgefühle, Traurigkeit und Selbstzweifel auflösen. Das Vertrauen in unsere eigene Kraft wächst. Besonders wenn die Sonne scheint, verströmen Kiefern einen erfrischenden, würzigen Duft. Er gibt uns Energie, Lebensfreude und aktiviert unsere Leidenschaft. So hilft uns die Kiefer, unser inneres Licht zum Leuchten zu bringen und leidenschaftlich alles zu geben für das, wofür unser Herz brennt.

Die Kiefer ist extrem genügsam und der »gute Kumpel« unter den Bäumen. Sie braucht zwar selbst viel Licht zum Wachsen, lässt mit ihrer lichten Krone aber auch viel Helligkeit zum Boden durch, sodass sie gemeinsam mit anderen Baumarten und viel Unterwuchs gedeiht. Sie ist keine Einzelkämpferin. Sie liebt es gesellig, geht mit ihrem Licht voran, begeistert mit ihrer Leidenschaft und nimmt alle mit, damit das große Ganze gelingt.

Kiefer: Baumkarte

Ich gehe voran in neue Bereiche und trage mein Licht in die Welt.

Was schlummert in dir, was jetzt in die Welt möchte? Egal, ob es eine kleine Sache ist oder eine große Aufgabe: Lasse jetzt dein inneres Licht erstrahlen, bringe deine Qualitäten in die Welt. Traue dich, den ersten Schritt zu gehen – unabhängig davon, wie andere das bewerten. Du wirst gebraucht – mit genau deinen Qualitäten! Bereite den Boden, den Weg für andere, die dir folgen. Diese Karte unterstützt dich dabei!

SELBSTCOACHING: *Was will jetzt durch mich in die Welt kommen? In welchem Bereich ist es wichtig, dass gerade ich den ersten Schritt tue? Gibt es Ängste, die mich daran hindern?*
Mache dir deine Ängste, Zweifel und inneren oder äußeren Hindernisse bewusst. Fühle sie. Verbinde dich über diese Karte mit der Kiefer, und übergib gedanklich alles ihrer Feuerenergie zur Transformation.
Wie könnte mein Umfeld heiler, lichtvoller, bewusster oder liebevoller werden durch meinen Beitrag? Wie fördere ich das Wachstum anderer durch das, was ich zu geben habe?

Kiefer: Holzkarte

Leidenschaftlich gebe ich alles für das,
wofür mein Herz brennt.

Diese Karte entfacht deine Leidenschaft. Sie säubert deinen Energiekanal von Hindernissen, sodass du alles geben kannst für das, wofür dein Herz brennt. Dann steckst du andere mit deinem Feuer an, und ihr wirkt gemeinsam zum Wohl aller.

SELBSTCOACHING: *Wofür brenne ich? Was entflammt mein Herz? Was hat bisher meine Leidenschaft gebremst?*

Mache dir Schuldgefühle, Selbstzweifel, Selbstvorwürfe, Ängste und hinderliche Glaubenssätze bewusst – bewerte sie nicht. Fühle sie, und übergib sie gedanklich dem Feuer der Kiefer zur Wandlung.

Welche Menschen kann ich mit meiner Leidenschaft anstecken? Wer können meine Mitstreiter, meine »guten Kumpel« und »besten Freundinnen« werden?

Tut euch zusammen, und arbeitet gemeinsam für euer Ziel!

LÄRCHE

Freudig meine Einzigartigkeit leben/ Vorstellungen loslassen und flexibel agieren

Die Lärche zeigt uns, wie wir unsere Einzigartigkeit akzeptieren, annehmen, leben und lieben können – wie wir uns daran erfreuen können, dass wir so sind, wie wir sind. Kein Lärchenbaum gleicht dem anderen – ihr Wuchs ist oft unregelmäßig, ganz individuell. Sie, die an das Leben hoch oben im stürmischen, schneereichen Hochgebirge angepasst ist, hat Sollbruchstellen, an denen ihre Äste bei zu hohem Wind- oder Schneedruck einfach abbrechen. Aus Knospen, den sogenannten schlafenden Augen, treibt sie dann neue Zweige aus. Wenn in unserem Leben Entwicklungswege oder Möglichkeiten wegbrechen, können wir uns von der Lärche die Zuversicht abschauen, dass sich neue Wege auftun und die »schlafenden Augen« in uns zur Entfaltung kommen. Von der Lärche können wir lernen, zu unserem individuellen Sein zu stehen, in Frieden zu sein mit unserem Anders- und Besonderssein. Sie kann uns Selbstvertrauen und Sicherheit geben und das tiefe Wissen, dass wir so, wie wir sind, in Ordnung sind.

Die Lärche ist eine Meisterin der Farben und Farbwechsel. Anders als andere Nadelbäume färbt sie im Herbst ihre Nadeln golden und erstrahlt im Frühling in frischem Hellgrün. Ihre weiblichen Blüten sind wunderschön dunkelrot, während die männlichen goldgelb leuchten. Als Räuchermittel entspannt uns die Lärche und führt uns in das gegenwärtige Sein mit uns selbst. Und so kann sie uns auch helfen, ehrlich und authentisch zu erkennen, wer wir wirklich hinter all unseren Masken und Vorstellungen von uns selbst sind.

Im Gebirge ist die Lärche der Sturmanker für die ganze Waldgemeinschaft. Sie ist enorm zäh, sowohl kälte- als auch wärmeverträglich und resistent gegen extremes Wetter oder Klima, Wurm- und Insektenfraß. Im Gegensatz zur Zirbe kann sie überall wachsen – selbst im warmen Süden kommt sie vor. Von ihr können wir lernen, mit allem klarzukommen. Ihr Holz ist das beständigste, härteste und dauerhafteste Nadelholz. Es kann als einziges ohne Holzschutz im Freien verbaut werden und sogar Feuer trotzen. Im Alpenraum gibt es Kamine ganz aus Lärchenholz, die seit Jahrhunderten genutzt werden, ohne selbst zu brennen.

Lärche: Baumkarte

Ich erfreue mich an meiner Einzigartigkeit und gehe meinen Weg auf meine Weise.

Kann es sein, dass du mit manchen Aspekten in dir haderst, dass du anders sein möchtest, als du bist? Diese Karte hilft dir, dich mit deinem Wesen auszusöhnen, in Frieden zu kommen mit deiner Einzigartigkeit, mit dem, was an dir anders, besonders ist. Sie hilft dir, dazu zu stehen, wie du bist, mit allen deinen Stärken und vermeintlichen Schwächen, und dich daran zu erfreuen.

SELBSTCOACHING: *Welche Aspekte an mir mag ich nicht, was versuche ich zu verstecken? Habe ich Angst, dass andere schlecht über mich denken könnten? Wie abhängig bin ich vom Lob anderer?*
Sei wirklich ehrlich mit dir! Fühle den Schmerz, nicht so zu sein, wie du dich selbst gern hättest, und bitte die Lärche darum, dass sie das Wissen, dass du richtig bist, tief in dir verwurzelt. Bitte darum, dass du genau wie sie selbst in Frieden, Liebe und Freude mit dir bist.

Lärche: Holzkarte

*Ich lasse meine Vorstellungen los,
bleibe flexibel und werde mit allem fertig.*

Hast du bestimmte Vorstellungen davon, wie die Dinge in deinem Leben sein sollen? Mache dir bewusst, dass wir unsere Vorstellungen eben vor die Realität stellen. Diese Karte hilft dir dabei, bewusst dahinterzuschauen, dich der Realität zu stellen, wie sie wirklich ist, und den Tatsachen entsprechend zu handeln. Die Lärche stärkt dir dabei den Rücken, ist dein Anker im Sturm des Lebens.

SELBSTCOACHING: *In welchem Bereich meines Lebens habe ich (starre) Vorstellungen davon, wie ich oder jemand anderes oder etwas im Außen sein soll? Was irritiert mich, womit komme ich nicht gut klar, was kann ich nicht gut annehmen, wie es ist? Wo bin ich im Widerstand mit dem Leben, weil es nicht meinen Vorstellungen entspricht?*
Irritationen bringen die inneren Bilder und Vorstellungen ins Wanken. Nimm sie als Fingerzeig dafür, womit du dich konfrontieren musst! Stelle dich der Realität, dem, was wirklich ist: Schaue genau hin, durchfühle, und dann erst handle – flexibel und der Situation angepasst!

LINDE

Gemeinschaft leben/Leid lindern, innerer Frieden

Die Linde mit ihren Tausenden herzförmigen Blättern ist der Baum der Verliebten und Sinnbild für die Gemeinschaft. Sie steht von jeher den Menschen nahe – unzählige Sagen, Lieder und Bräuche belegen das. Als Dorflinde ist sie Mittel- und Treffpunkt der Gemeinschaft. Unter ihr begegnet man sich, plaudert, tanzt, feiert, verliebt sich, heiratet … Berühmt und auch immer noch beliebt sind die sogenannten Tanzlinden, die es gehäuft in Oberfranken und Südsachsen gibt. Auf Plattformen in ihren Kronen sitzt zur Lindenkirchweih nicht nur die Kapelle, sondern es wird dort oben auch getanzt.

Unter Linden zu sitzen, bringt uns inneren Frieden und Stille und lässt Liebe, Mitgefühl und Verständnis in uns wachsen. Denn die Linde lindert. Sie kann uns trösten und besänftigen und hat die Kraft, übertriebene Selbstzentrierung und unbedingtes (Bestimmen-)Wollen zu beruhigen und auszugleichen. Sie hilft, das Gemeinschaftsgefühl zu stärken und Konkurrenz in konstruktiv unterstützende Partnerschaft zu wandeln.

Bis zum Ende des 18. Jahrhunderts wurde unter Linden Recht gesprochen. Hier war ein Ort der Weissagung,

Belehrung und Rechtslenkung. Noch heute gibt es den Spruch: »Unter der Linde kommt die Wahrheit zutage.« Die Linde ist der weibliche Gegenpart zur männlichen Eiche.

Sie ist der Baum der Freundschaft und Freundlichkeit. Sie ist wohlwollend zu den Menschen, alles an ihr ist heilsam, und sie lindert Schmerz und Leid (nicht nur körperliches), wirkt entspannend und angstlösend. Sie ist neben dem Holunder der größte Heilbaum unserer Breiten. Von ihr können wir lernen, auch mit uns selbst wohlwollend, liebevoll und heilsam umzugehen.

Tief verwurzelt ist sie, hat eine feste Verbindung mit der Erde. So schnell wirft sie nichts um. Auch der vermutlich älteste Baum in Deutschland mit über 1250 Jahren ist eine Linde und steht auf dem Marktplatz in Schenklengsfeld. Man sagt, eine Linde wächst 300 Jahre, steht 300 Jahre und vergeht 300 Jahre – und manchmal eben auch länger.

Ihr Holz ist weich und biegsam, fühlt sich fast samten an und ist als Schnitz- und Drechselholz begehrt. Weil früher zahlreiche Altäre aus Linde geschnitzt wurden, wird es auch als heiliges Holz bezeichnet.

Linde: Baumkarte

Von Herzen schaffe ich Raum für Begegnungen, höre zu und fördere das Zusammenwirken zum Wohl aller.

Wenn diese Karte zu dir kommt, ist es Zeit, zum »runden Tisch« einzuladen: Familie, Nachbarn, Kollegen oder Bekannte – oder auch deine vielfältigen inneren Anteile. Dabei können sich Einsamkeit, Egoismus oder Konkurrenzdenken in Gemeinschaftsgefühl und gegenseitiges Unterstützen wandeln. Mit dieser Karte ist es ganz leicht, dafür zu sorgen, dass alle gehört werden und sich einbezogen fühlen, um gemeinsam Freude zu erleben oder eine stimmige Lösung zu erreichen. Es entsteht ein Raum des gegenseitigen Wohlwollens.

SELBSTCOACHING: *Was hindert mich daran, mich für die Gemeinschaft zu öffnen? Angst vor Be- oder Verurteilung, das Gefühl, nicht dazuzugehören, Konkurrenzdenken, ein Sich-durchsetzen- oder Nicht-teilen-Wollen?* Verbinde dich mit der lindernden, ausgleichenden, besänftigenden Qualität der Linde, und fühle, was jetzt zu fühlen ist! Mache dir bewusst, dass wir alle voneinander abhängig sind. Teilen und gegenseitiges Unterstützen nützen also auch dir selbst. Beobachte, wie du bereichert wirst und selbst andere bereicherst.

Linde: Holzkarte

Ich nehme an, was ist. Leid wird gelindert, und Liebe fließt. Innerer Frieden kehrt ein.

Mit dieser Heilkarte führt dich die Energie der Linde sanft dahin, deinen Widerstand gegen das, was gerade ist, zu mindern und schließlich aufzugeben. Jetzt ist die Zeit, anzunehmen, was im Moment da ist. So kehrt innerer Frieden ein. Lasse dich überraschen, wie anders sich dein Leben anfühlt!

SELBSTCOACHING: *Was will ich nicht haben in meinem Leben? Angst, Wut, körperlichen oder psychischen Schmerz?*
Was auch immer es ist: Widerstand und Verdrängen machen die Situation keinen Deut besser, sondern vermehren dein Leid. Erzähle es, während du es fühlst, der Linde. Sie ist eine sehr gute Zuhörerin! Umarme das, was du bisher nicht haben wolltest, mit deiner Herzensenergie, die von den Tausenden herzförmigen Lindenblättern gestärkt wird. Dein Leid lindert sich – garantiert!

ULME

Intuition und Inspiration empfangen/ Hilfe annehmen können

Die Ulme ist eine Vermittlerin, sie verbindet Gegensätze und weist uns auf das Thema »Gleichgewicht/Ungleichgewicht« hin. Als einziger heimischer Baum hat sie einen unsymmetrischen Blattansatz, d. h., die rechte und die linke Blatthälfte sind am Stiel unterschiedlich lang. Sie wächst schnell und hat trotzdem hartes Holz, das sowohl Hart- als auch Weichholzeigenschaften besitzt. Ihre Zweige wachsen wirr durcheinander, und trotzdem hat sie einen strukturierten, fast etagenweisen Aufbau. Ulmenrinde, die das Innen mit dem Außen verbindet, kann unsere Haut heilen. Sie vermittelt nach alter Tradition sowohl zwischen den Lebenden und Toten als auch zwischen Menschen und Naturwesen (deshalb wird sie oft »Elfenbaum« genannt). In ihrer Nähe ist es leicht, in Geistwelten zu reisen, und sie unterstützt die Öffnung des Dritten Auges. Das Verräuchern von Ulmenrinde erhöht die übersinnliche Wahrnehmungsfähigkeit, und hellseherische (Tag-)Träume sind möglich.

Die Ulme unterstützt uns dabei, uns für Hilfe aus der irdischen und Geistigen Welt zu öffnen. Das unbedingte (Allein-tun-)Wollen nach unserer eigenen Vorstellung können wir mit ihrer Hilfe leichter loslassen. Sie lässt uns unsere eigenen Grenzen erkennen und akzeptieren. Wir können lernen, aktiv um Hilfe zu bitten und den Beistand sowohl von anderen anzunehmen als auch Unterstützung durch Inspiration und Intuition aus dem Geistigen zu empfangen. Unser Vertrauen in die innere Weisheit wächst.

Die Ulme verleiht uns Zuversicht und die Fähigkeit, Probleme realistisch(er) zu sehen. Sie ist hilfreich für Menschen, die sich einer Aufgabe nicht gewachsen fühlen. Scheinbar aussichtslose Situationen können sich lösen – sie ist der Baum des Fortschritts und der Transformation. Sie wirkt lösend und wandelnd sowohl auf körperlicher als auch auf seelischer Ebene. Festgefahrenes bringt sie wieder in Bewegung. Ihr Holz wurde traditionell für Wasserleitungen, Wagenräder, Schlittenkufen und im Schiffsbau verwendet. Weil die Ulme selbst durch das Ulmensterben (aufgrund eines aus Asien eingeschleppten Pilzes) bedroht ist und deshalb große Bäume sehr selten sind, wird ihr Holz heute nur noch im hochwertigen Innenausbau verwendet. Denn sie lässt eines der schönsten heimischen Hölzer wachsen, den sogenannten Rüstermaser.

Ulme: Baumkarte

Ich bin offen für das Empfangen von Inspiration und intuitiven Eingebungen. Ich vertraue meiner inneren Weisheit.

Diese Karte hilft dir, zu empfangen, was jetzt aus der Geistigen Welt zu dir kommen will. Du öffnest dich für die leisen Töne der Inspiration, Intuition und übersinnlichen Wahrnehmung. So können dir überraschende, zuvor undenkbare Lösungen für scheinbar aussichtslose Situationen einfallen. Lasse dich beschenken von der Gnade, die etwas wieder in Bewegung bringt. Diese Karte schenkt dir Vertrauen in deine innere Weisheit.

SELBSTCOACHING: ***Habe ich ein Thema, für das ich keine Lösung sehe, das vielleicht festgefahren erscheint? Was sind meine Glaubenssätze, Konzepte und Vorstellungen dazu? Helfen sie mir bei der (Auf-)Lösung, oder kann ich sie verabschieden?***
Schaue nach innen, und erkenne, was wirklich ist, was wesentlich ist, jenseits von Konzepten und Konditionierungen. Lenke den Fokus weg von deinem Denken und hin zu deiner inneren Weisheit. Die Ulme schenkt Inspirationen, Einfälle, intuitive Weisheiten sowie gelegentlich hellseherische (Tag-)Träume. Vertraue ihnen!

Ulme: Holzkarte

Ich akzeptiere meine Grenzen und bin offen dafür, mir helfen zu lassen.

Machst du lieber alles allein? Fällt es dir (in manchen Situationen) schwer, um Hilfe zu bitten? Dann kann diese Karte dir helfen. Die eigenen Grenzen zu erkennen und zu akzeptieren, sich helfen zu lassen, vielleicht sogar aktiv um Hilfe zu bitten (egal, ob Menschen oder die Geistige Welt), ist eine große Qualität! Sie wird durch diese Heilkarte gefördert.

SELBSTCOACHING: *Erledige ich Dinge lieber selbst, als andere mit einzubeziehen? Glaube ich, ich kann das am besten oder weiß, was hier nötig ist? Fällt es mir schwer, andere um Unterstützung zu bitten?*
Verabschiede dich von dem Gedanken, alles allein tun zu müssen! Wir leben in einem großen Beziehungsgeflecht voller Geben und Nehmen. Du musst nicht alles allein tun, und vielleicht erkennst du jetzt, dass du das auch gar nicht kannst. Gib dir selbst die Erlaubnis, dir helfen zu lassen! Und gib anderen Menschen die Chance, dich zu unterstützen, (von dir) zu lernen und dadurch zu wachsen. Lasse dich bereichern von dem, was andere beitragen.

WACHOLDER

Lebendig sein/Reinigung, Selbstheilung aktivieren

Der Wacholder ist der Wachmacher, der Lebendigmacher unter den Bäumen. Seine spitzen, stark stechenden Nadeln lassen uns achtsam werden. Der Geruch seines Holzes, auch verräuchert, macht uns munter, präsent und lebendig. Die Beeren schmecken würzig, süßlich und wirken blutreinigend, entgiftend, aufmunternd, erfrischend und nervenstärkend. Wacholder kann uns vitalisieren und wirkt stark desinfizierend und reinigend. Fleisch und Fisch werden in seinem Rauch haltbar gemacht. Zu Pestzeiten wurden die Krankenzimmer mit Wacholder ausgeräuchert. Er kann vor Unheil schützen und »ungewollte Geister« fernhalten. Mit seinem Rauch können Ahnengeister besänftigt und destruktive Energien gereinigt werden. Man sagt, der Wacholder kann Umkehr auf dem Weg in den Tod bewirken. Und das auch auf der psychischen Ebene: Wenn wir nur noch funktionieren, unsere Pflicht erfüllen und nicht mehr wirklich leben, kann er helfen und neue Lebendigkeit in uns erwecken.

Knorrig dicht wächst der Wacholder, oft wirkt er wie ein geheimnisvoll magischer Eingang zur Unterwelt. Und tatsächlich: Nicht nur Schamanen reisen mit Wacholderrauch in andere Welten. Wer sich darauf einlassen möchte, kann mit ihm durch die verschiedenen Ebenen des Bewusstseins wandeln. Tief verwurzelt ist er, und seine Zweige können selbst wurzeln – hier schöpft er seine Kraft. Und dann geht er, demütig mit nach unten gesenkten Spitzen, ins Licht. Seine Beeren zu essen, erweitert unsere Wahrnehmung und steigert die Feinfühligkeit.

Wacholder ist vital und ausdauernd – 1000 bis 2000 Jahre alt kann er werden. Ist die Eibe die Großmutter (oder Urgroßmutter), so wirkt der knorrige Wacholder wie der Großvater unter den Bäumen. Kleinwüchsig und gebeugt ist er und wächst säulenförmig, gern in Gruppen fast überall auf der Welt. Solange er genügend Platz hat und Licht bekommt, kann er sich an verschiedenste Böden und auch extreme Bedingungen anpassen – selbst im sibirischen Hochgebirge habe ich ihn getroffen. Auch unter harten und extremen Bedingungen erfüllt er seine besonderen Aufgaben.

Sein harzfreies Holz ist weich, wundervoll duftend und mit lebendiger Maserung in Rotbraun und Gelb. Beliebt ist es bei Schnitzern und Drechslern.

Wacholder: Baumkarte

Ich bin lebendig in allen Bereichen meines Lebens.

Neues ausprobieren, lebendig sein – das ist die Unterstützerenergie dieser Karte. Sie hilft dir, dich aktiv, wach und präsent dem Leben zu stellen, hinzuschauen statt wegzuschauen, emotional beteiligt statt abgeschottet zu sein. Der Wacholder kann Tote zum Leben erwecken. Wage das Leben, öffne dich für Unvorhergesehenes, tue, was du immer schon tun wolltest – jetzt! Dies ist die »Anti-Aufschiebekarte«.

SELBSTCOACHING: *In welchen Bereichen meines Lebens habe ich resigniert, lasse ich mich nicht mehr berühren und tue nur noch meine Pflicht? Wo halte ich aus, statt anzusprechen oder zu tun, was zu tun ist? Wo meide ich Auseinandersetzungen? Wenn ich nur noch ein Jahr zu leben hätte, was wäre mir wichtig zu erleben, zu tun oder zu beenden? Welche (Kindheits-)Träume sind noch ungelebt?*
Schiebe sie nicht mehr auf! Jetzt ist die Zeit zum Handeln. Der Wacholder macht dich neugierig und lebendig.

Wacholder: Holzkarte

Ich werde von destruktiver und krank machender Energie gereinigt. Selbstheilung geschieht, Vitalität entfaltet sich.

Diese Heilkarte aktiviert deine dir innewohnenden Reinigungs- und Selbstheilungskräfte. Sie hilft dir, dich von krank machenden, destruktiven Energien zu reinigen – sowohl auf der körperlichen als auch auf der seelisch-geistigen Ebene. Wacholder ist stark desinfizierend und hat die Kraft, dich von Trägheit, Müdigkeit und Resignation zu befreien und dein Heilwerden auf allen Ebenen kraftvoll einzuleiten.

SELBSTCOACHING: *Welche destruktiven Kräfte wirken in mir: Giftstoffe, Ablagerungen, Parasiten, Ängste, hinderliche Glaubenssätze und Überzeugungen, Unerledigtes, Vorwürfe …? Was hat mich infiziert, was behindert meine Vitalität? Welche Ebene ist jetzt zu reinigen: die körperliche, die psychisch-emotionale oder die geistig-mentale?* Mit dem Wacholder kannst du in alle Ebenen des Bewusstseins reisen. Er ist ein mächtiger Heilbaum und unterstützt dich über diese Karte. Teile ihm ganz konkret mit, wovon du gereinigt, entgiftet, befreit werden willst.

WEIDE

Mich berühren lassen, Verantwortung übernehmen/ Mit dem Leben fließen, mich erneuern

Die Weide kann uns lehren, geschmeidig mitzufließen mit dem Lebensfluss. Ihre Zweige sind extrem biegsam und eignen sich hervorragend zum Flechten. Die Weide gibt sich hin, fließt mit, statt zu brechen. Das Wort »Weide« bedeutet »biegen« und »weich«, »Weib« und »winden« sind davon abgeleitet. Alte Weiden sind oft hohl, und vieles, was aus Weide hergestellt wird, dient zum Aufnehmen von etwas: Weidenkörbe, Backtröge und Holzschuhe. So steht die Weide für das Empfangen und Sich-berühren-Lassen. Die Weide ist ein raschwüchsiger Baum, der gern nah am Wasser wächst. Sie ist mit unserer Gefühlswelt verbunden und hilft uns, uns emotional zu öffnen. Für Baumverhältnisse wird sie nicht alt, nur 80–120 Jahre. Sie steht mit ihrem schnellen Wachstum und Vergehen für die Mondenergie, das weibliche Wesen und die zyklische Kraft.

Von der Weide können wir lernen, immer wieder aufzustehen und uns zu erneuern. Weiden haben eine enorme Regenerationsfähigkeit und Lebenskraft. Werden bei Hochwasser ihre Zweige abgerissen oder beschädigt, treibt die Weide immer wieder neu aus. Auch abgeschittene Weidenruten wurzeln leicht und schnell, sobald es feucht genug ist.

Die Weide, die sich selbst oft im Wasser spiegelt, kann auch uns den Spiegel vorhalten. »Sieh hin, fühle und empfange, welche Auswirkungen dein Denken und Handeln haben«, scheint sie zu sagen. Wenn wir uns emotional tief berühren lassen, übernehmen wir automatisch Verantwortung für das, was wir tun. Die Weide hilft uns, die Opferrolle zu verlassen und in die Eigenverantwortung zu kommen.

Die Weide ist eine große Heilerin, die körperliche wie seelische Schmerzen sanft lindern und uns Hingabe lehren kann. Unter einer Weide zu sitzen, wirkt tröstend, beruhigend und lösend – gerade bei Verbitterung, Trauer und Enttäuschung. Weidenrinde wird seit ca. 3000 Jahren als schmerzstillendes, fiebersenkendes und entzündungshemmendes Mittel verwendet – heute in Form der berühmten Kopfschmerztabletten.

Die Weide kann uns mit unserer kreativen Schöpferkraft verbinden. Sie ist einer der kreativsten Bäume, der sich in ca. 500 verschiedene Arten entwickelt hat, die sich auch noch untereinander kreuzen. Selbst für Biologinnen und Biologen ist die eindeutige Bestimmung eine Herausforderung.

Weide: Baumkarte

Ich lasse mich von der Welt berühren und übernehme Verantwortung für mein Handeln.

Diese Karte unterstützt dich dabei, dich emotional berühren zu lassen. Sie hilft dir, dein Gegenüber und die Welt fühlend wahrzunehmen. Leicht kannst du kreative Lösungen für Herausforderungen empfangen und damit dein Leben bewusster gestalten. Wenn du tief fühlst, was du im Innen oder Außen auslöst, übernimmst du automatisch Verantwortung für dein Tun oder Nichttun. Du bist der Schöpfer, die Schöpferin deines Lebens und deines Umfeldes!

SELBSTCOACHING: *Lasse ich mich von der Welt, von meinem Gegenüber emotional berühren, oder bin ich vorwiegend im mentalen Austausch? Fühle ich, was mein Handeln oder Nichthandeln auslöst? Handle ich eher überlegt oder intuitiv?*
Für ein ganzheitliches Sein ist das Zulassen von Gefühlen, davon, sich emotional berühren zu lassen, ebenso entscheidend wie der mentale Austausch mit deinem Gegenüber. Bevor du aktiv wirst: Halte inne, nimm dir Zeit für dich und dein Fühlen! Die Weide unterstützt dich. Es ist dein Leben und deine Mitwelt.

Weide: Holzkarte

Geschmeidig fließe ich mit dem Fluss des Lebens und erneuere mich ständig.

Gibt es gerade kleine oder größere Stolpersteine, Konflikte oder Widerstände in deinem Leben? Diese Karte hilft dir, biegsam und geschmeidig wie die Weide mit Herausforderungen umzugehen, dich dem Leben mit seinen manchmal wundersamen und überraschenden Wendungen hinzugeben. Mit ihr fällt es dir leicht, feste Vorstellungen loszulassen, dich zu öffnen für fantastische Fügungen und immer wieder neu zu beginnen.

SELBSTCOACHING: *Wo bin ich im Widerstand und fließe nicht mit dem, was gerade ist? Wo beharre ich auf meinem Standpunkt, will ich unbedingt meinen Willen oder meine Vorstellungen durchsetzen?*
Fühle die Gefühle, die hinter deinem Beharren stehen: Unsicherheit, Haltlosigkeit, Angst vor dem anderen und Fremden, Angst, die Kontrolle zu verlieren oder unterlegen zu sein … Begib dich in die Perspektive der anderen Seite. Vielleicht erkennst du, dass sie aus den gleichen Gefühlen heraus handelt. Öffne dich für neue, kreative Lösungen!

WEISSDORN

Denken und Fühlen im Gleichgewicht/ Behütet und beschützt sein

Der Weißdorn kann uns helfen, unser Denken und Fühlen ins Gleichgewicht zu bringen, unsere männliche und weibliche Seite auszugleichen und in unsere Herzensmitte zu kommen. Denn er trägt männliche (marsische) und weibliche (venusische) Aspekte gleichermaßen in sich: Seine herrlich weißen Blüten sind umgeben von dunklen, spitzen Dornen. Er vereint beide Geschlechter in einer Blüte: Näher können sie sich (zumindest in Bäumen) nicht kommen. Der Weißdorn steht damit auch für die Kraft der Einheit, der Liebe und das Erblühen des Herzens, für Fruchtbarkeit und Schönheit. Er gleicht aus. Sein Tee stärkt und schützt (nebenwirkungsfrei!) das Herz, reguliert sowohl zu hohen als auch zu niedrigen Blutdruck und hilft bei Herzrhythmusstörungen. Er stärkt das Selbstvertrauen und wirkt beruhigend bei nervösen Störungen sowie bei schlechtem Schlaf und kann helfen, wenn uns sprichwörtlich etwas auf dem Herzen liegt. Auch die Früchte und die Blätter sind essbar und geben ebenso einen Energieschub, wie sie Überaktivität ausgleichen können.

Der Weißdorn ist eine typische Heckenpflanze. Er schützt Vögel und Insekten mit seinem undurchdringlichen Wuchs und wird auch heute noch als Wind- und Sichtschutz gepflanzt. Er gilt nicht nur als Beschützer von Quellen und Brunnen, sondern auch als Hüter unseres Schlafes und bietet Schutz bei Reisen in andere Dimensionen. Er hat eine magische Wirkung auf unser Energiefeld. In früheren Zeiten waren Amulette aus seinem Holz beliebt, weil Weißdorn dunklen Zauber und Flüche abwehren kann.

Der Weißdorn kann uns aber auch »das Fell rupfen« und Krankhaftes, Destruktives und Unreines von uns entfernen. Ein uraltes Ritual für Mensch und Tier ist es, durch einen Durchschlupf in einer Weißdornhecke zu kriechen und um Reinigung zu bitten. Dabei wird das, was nicht förderlich für uns ist, aus unserem Energiefeld gekämmt.

Eine Legende berichtet, dass Josef von Arimathäa (ein Jünger Jesu) in Glastonbury (England) seinen Wanderstab aus Weißdornholz in den Boden gerammt hat, der sogleich wurzelte und grünte. Dieser Weißdorn blüht tatsächlich zweimal im Jahr, einmal im Frühjahr, das zweite Mal etwa zur Weihnachtszeit – magischer Weißdorn!

Weißdorn: Baumkarte

*Denken und Fühlen kommen ins Gleichgewicht.
Ich finde meine Herzensmitte.*

Der Weißdorn stärkt und heilt dein Herz, sodass du deine Herzensmitte findest, ausgeglichen bist und mit Leichtigkeit deinem Herzen folgst. Diese Karte hilft dir dabei, beide Seiten, deinen logisch denkenden und deinen fühlenden Anteil, ins Gleichgewicht zu bringen, sodass sie sich mit ihren Qualitäten ergänzen und bereichern.

SELBSTCOACHING: *Welche Seite ist dominanter in meinem Leben: das strukturierte, logische Denken oder das schöpferische, kreative Fühlen? Wertschätze ich beide Anteile gleichermaßen? Arbeiten sie in mir unterstützend zusammen, oder wirken sie einzeln und eher gegeneinander? Sind da alte Verletzungen oder Ängste in mir, die einen der Aspekte betreffen?*
Fühle den Schmerz und alle anderen Gefühle, die jetzt da sind. Erforsche die Qualitäten der beiden Seiten in deinem Alltag und, was sie stärkt bzw. schwächt. Mache dir bewusst, dass beide Seiten gleichwertig sind! Dein Leben gewinnt eine neue Qualität, wenn Denken und Fühlen respektvoll zusammenarbeiten, sich ergänzen und vervollkommnen.

Weißdorn: Holzkarte

Ich bin behütet und beschützt. Freudigen Herzens gehe ich durch mein Leben.

Diese Schutzkarte behütet und beschützt dich vor Destruktivem, Behinderndem und Krankmachendem. Belastende Ängste können sich wandeln, sodass du mit einem gestärkten Herzen freudig durch dein Leben gehst. Diese Karte ist auch hilfreich bei schwierigen Begegnungen und Situationen.

SELBSTCOACHING: *Welche Situation macht mir Angst? Wo habe ich Furcht, dass es schwierig für mich wird? In welchem Bereich wünsche ich mir Schutz und Unterstützung? Was liegt mir auf dem Herzen, belastet mich?*

Der Weißdorn stärkt dein Herz, sodass du dich deinen Ängsten stellen kannst. Fühle sie! Visualisiere vor schwierigen Begegnungen oder Situationen, wie dich der undurchdringliche Weißdorn mit seinen spitzen Dornen und seiner magischen Wirkung wie ein Kokon einhüllt, und stecke dir diese Schutzkarte in die Tasche.

ZIRBE/ARVE

Mein Potenzial ausschöpfen/ Entspannt mit Herausforderungen umgehen

Die Zirbe ist der Entspannungsbaum, der Heilbaum für gestresste Menschen. Das Auffallendste an der Zirbe ist ihr wundervoller Duft. Wer schon einmal Zirbenholz oder -öl gerochen hat, weiß, wie einzigartig es riecht. Dem Baum dienen seine ätherischen Öle und Harze als Frostschutzmittel. Sie sind aber auch insektenabwehrend, antibakteriell und keimtötend, sodass Holzwunden von abgebrochenen Ästen schnell heilen können. Auf uns Menschen wirkt der Duft der Zirbe entspannend und ausgleichend. Er kann körperliche oder geistige Verkrampfungen lösen und schenkt uns Ruhe und Ausgeglichenheit. Zirbensalbe wirkt entzündungshemmend und durchblutungsfördernd. Die Zirbe hat eine dunkle Rinde, ihr gelb-orangerotes Holz ist nur im Inneren zu finden. Hier zeigt sich ihre Feuerenergie, die mehr ausgleichend als verbrennend wirkt. Seit Jahrhunderten wird in den Hochtälern der Alpen die »gute Stube« mit Zirbe getäfelt. Zirbenholzbetten, die Jahrzehnte nach Zirbenöl duften, fördern einen erholsamenn Schlaf. Sie verlangsamen nachgewiesenermaßen den Herzschlag und wirken lebensverlängernd. Zirbenholz absorbiert

sogar Mikrowellenstrahlung und kann Menschen schützen, die von Elektrosmog umgeben sind. Der Duft der Zirbe kann uns in einen Urlaubstag im Gebirge versetzen. Dieser Wellness-Baum tut uns einfach gut.
Von der Zirbe können wir lernen, in den Stürmen des Lebens fest verwurzelt und standhaft zu bleiben und auch einmal bis an die Grenzen unserer Möglichkeiten zu gehen. Denn mit Stürmen und extremen Herausforderungen kennt sie sich aus. Sie wächst hoch oben nahe der Baumgrenze in den (österreichischen) Alpen und in zwei weiteren Arten in Sibirien. In Deutschland kommt sie praktisch nicht vor. Sie ist genügsam, extrem widerstandsfähig und der frosthärteste Baum der Alpen. Mit ihren Senkwurzeln verankert sie sich fest in kleinsten Gesteinsspalten. Bis an die Grenzen des Möglichen geht sie – speziell angepasst ans kühle, stürmische Gebirgsklima. Und so kann sie uns lehren, unsere Komfortzone, unseren Wohlfühlbereich, einmal zu verlassen und unser Potenzial immer mehr auszuschöpfen.

Zirbe: Baumkarte

Ich schöpfe mein Potenzial aus und gehe bis an die Grenzen meiner Möglichkeiten.

Diese Karte unterstützt dich dabei, dir selbst und deinen Stärken zu vertrauen und dein Potenzial zunehmend auszuschöpfen. Durch sie erkennst du, wie du dir selbst Grenzen setzt, z. B. mit dem Glaubenssatz: »Ich kann das nicht« oder »Ich bin nicht gut genug.« Sie fordert dich auf, deine Komfortzone einmal zu verlassen und bis an die Grenzen deiner Möglichkeiten zu gehen. In dir steckt so viel mehr, als du glaubst!

SELBSTCOACHING: *Wie (re-)agiere ich in einer herausfordernden Situation? Bleibe ich entspannt, oder gehe ich in Widerstand, verteidige ich mich, oder gehe ich schwierigen Situationen möglichst aus dem Weg?*
Beobachte dich bewusst, ohne dich zu bewerten. Entdecke deine Automatismen und begrenzenden Glaubenssätze, mit denen du dir selbst Grenzen setzt. Übergib sie der Feuerenergie der Zirbe zur Transformation. Fasse den Entschluss, in einer Situation bewusst deine Komfortzone zu verlassen und deine selbst gesteckten Grenzen ein Stück weit zu überschreiten. Lasse dich überraschen, was passiert!

Zirbe: Holzkarte

Ich gehe entspannt mit den Herausforderungen des Lebens um.

Dies ist die Entspannungskarte, wenn kleine oder große Herausforderungen in deinem Leben auftauchen oder einfach viel zu tun ist. Die Zirbe ist der Wohltuerbaum und lässt dich zur Ruhe kommen. Körperliche, geistige oder seelische Verkrampfungen lösen sich. Die Last auf deinen Schultern fällt von dir ab. Ruhig und entspannt begegnest du den Herausforderungen des Lebens.

SELBSTCOACHING: Nimm diese Karte in die Hand, und schließe deine Augen. Sieh vor deinem inneren Auge einen Wald aus Zirben. Hoch oben in den Bergen wächst er, und du sitzt oder liegst entspannt inmitten dieser wundervollen Bäume. Du riechst den besonderen Duft des Zirbenholzes. Dein Herzschlag beruhigt sich. Nichts kann dich hier aufregen oder stressen – die Zirbenbäume absorbieren alles um dich herum. Spüre Entspannung, Erholung, Ruhe, Freude. Du kannst sogar einschlafen dabei. Frisch und entspannt, wie du anschließend bist, werden kreative Ideen zu dir kommen, und du kannst den Herausforderungen deines Lebens neu begegnen.

Über die Autorin

Dr. Antje Ohlhoff hatte von Kindheit an einen besonderen Bezug zu Holz und Bäumen. Die Hochschulprofessorin für Mathematik und Informatik befindet sich seit 30 Jahren auf dem spirituellen Weg. Während verschiedener Ausbildungen zeigte sich ihre Fähigkeit, mit Bäumen zu kommunizieren, die sie im Coaching einsetzt.
www.antje-ohlhoff.de

Bildnachweis

Alle Fotos auf den Karten © Dr. Antje Ohlhoff, außer: weibliche Zirbenblüte © Heinz Gasser, männliche Zirbenblüte © Ferdinand Denk

Bilder von der Bilddatenbank www.shutterstock.com:
Cover & Kartenrückseite: # 1304739523 (© mapman), gezacktes Blatt: # 107475833 (© Hein Nouwens), glattes Blatt: # 1686911323 (© valeria_starr), Holzstrukturhintergrund: # 755924149 (© Ivaylo Ivanov)